U0646955

中国微博英雄榜 I

有权懦弱

胡赳赳 编

新星出版社 NEW STAR PRESS

图书在版编目（CIP）数据

有权懦弱 / 胡赳赳编. —北京：新星出版社，2011.4
（中国微博英雄榜；1）
ISBN 978-7-5133-0237-1
Ⅰ. ①有… Ⅱ.①胡… Ⅲ. ①人物－生平事迹－中国－现代 Ⅳ.①K820.7
中国版本图书馆CIP数据核字（2011）第052239号

有权懦弱——中国微博英雄榜 I
胡赳赳 编

责任编辑：何　睿
责任印制：韦　舰
装帧设计：郑　岩

出版发行：新星出版社
出 版 人：谢　刚
社　　址：北京市西城区车公庄大街丙3号楼　100044
网　　址：www.newstarpress.com
电　　话：010-88310888
传　　真：010-88310899
法律顾问：北京市大成律师事务所

读者服务：010-88310800　service@newstarpress.com
邮购地址：北京市西城区车公庄大街丙3号楼　100044

印　　刷：三河市南阳印刷有限公司
开　　本：910×1230　1/32
印　　张：8.125
字　　数：120千字
版　　次：2011年4月第一版　2011年4月第一次印刷
书　　号：ISBN 978-7-5133-0237-1
定　　价：30.00元

选编者言

我很担心，大家一窝蜂地去弄微博。得不偿失。

一哄而上，送上云端，一哄而散，跌下尘埃。个人还好，拍拍手当作游戏。而运营微博的公司，则花费巨大的人力财力，可谓绞尽脑汁、调整策略，务求争先保优。他们沉浸在“每天都在创造历史”的快慰与纷扰中。

黑格尔提出“历史的终结”，丹托提出“艺术的终结”——难道，微博这个新鲜事物，也将是“传媒的终结”吗?

一百四十个字，电报体、论语调、信息流，蔚为大观，自成宇宙。裂变，膨胀，日以继夜。众音也嘈嘈，众生也杂杂。喧哗与骚动之间，“微博控”控上瘾了，粉丝与转发量、评论数挑动微博主的神经与心火。

从全民博客到全民微博，似乎让人回想起过去运动的时代，只不过，信息化运动是由现代社会的技术革新催生的。有句话值得铭记："技术即思想，工具即理性"。旧石器、新石器、冷兵器、火药、坚船利炮、蒸汽机、汽车、飞机、电脑、互联网都深刻地改变着历史，改变着时代。工具和技术一旦被发明出来，便具有自己的运行规律、逻辑方法乃至于独立意识。佛教称之为"形皆有识"。

我们的老祖宗庄子先生警告说："物物而不物于物"。那意思是讲，你要控制微博而不能让微博控制你啊，此谓"人役于物"。

现代人可怜，大多"人为物役、心为形役"。媒介社会、消费社会、集体社会控制了思想，奴役了大脑。

"碎片化"的媒介社会已经"碎无可碎"了，难道一百四十个字不是媒体的终结吗？难道还有十四个字的传媒交互形态出现？答案是：碎片化还会"漂移"。LBS（定位社交媒体）的即将兴起即是一例。而且，新媒体的开端一旦掀起，便不可遏制。如今，只是起步，它的前景将会是"人工智能"、"虚拟人"。正如波德里亚所预言的："我是我自己的拟真物"。当人可以通过"复制"、"剪切"、"粘贴"、"打印"在时间之轴上穿梭时，波德里亚的预言便会实现。这并非玩笑。

你是你的自媒体，身体是思想的媒介物。我们终于“心物一元”了。

畅想毕，回到现实。编选这本小书，是出版社的动议，为活跃的微博客时代保留只言片语的记录。权作档案，留待风化。不求风行一时，但求浮云过眼，五年后、十年后还会被人称道句：这几位说的是真话、人话，便也不枉选编者的一番心意了。

这个时代，能讲真话、人话的，大抵便等同于“英雄”了。向他们致敬。

感谢担任初选的徐洪波先生，感谢策划者老愚先生，还要感谢“织微博”的诸君，在编选过程中，受益良多，以致每每抚案、拍案、离案。

微博淘尽英雄。

胡赳赳

二〇一一年三月十六日

目　录

北　村

北村新浪微博

http：//t.sina.com.cn/beicun

（2009 年 12 月 3 日－2010 年 8 月 15 日）

北村，本名康洪，一九六五年生于福建省长汀县。曾任职福建省文联《福建文学》编辑部。中国先锋文学代表作家之一，曾入选中国小说五十强优秀作家。著有《逃亡者说》等系列小说、《北村诗集》；电影作品《周渔的火车》《武则天》；电视剧作品《台湾海峡》《城市猎人》等。

@某君高价购得一座一米高的关公塑像，特为此像买了一张机票带回，可飞机迟迟不飞，忽听机上广播：关云长先生，关云长先生，你乘坐的CZ8556航班马上就要起飞了，请速于五号登机口登机，请速于五号登机口登机……

@刚看完《暮光之城·新月》，觉得一般，可看完《机器侠》，就觉得《暮光之城·新月》不错了，再看《第九区》，简直就是上品，而《魔戒》就是极品了！美国人把假的拍得跟真的似的，中国人把真的拍得跟假的似的。心里假，就一切假。奇怪的辩证法。

@我想，爱应该是对一种对象的重要价值的确认。这种确认到一个程度，就称为爱。而且这种价值有唯一性，所以爱是专一的。因此爱是真理。爱有不同的深度，那么爱到最深的才是爱，要爱到那么深，只有舍己，别无他途。因此爱是信仰。

@李白醉卧客栈，起夜遇杜甫，望月问之：这是太阳还是月亮？杜甫醉曰：不知，我也不是本地人……

@优秀商业片要诀：一、比文艺片更深刻的思想，因无生活经验依托只能虚拟，如《黑客帝国》。二、主流价值真善美非假恶丑，如《泰坦尼克号》。三、假戏真做细节真实而非廉价夸张，如《第九区》《魔戒》。四、高科技大制作。通例。

@现在问题的严重性在于：没有未来。网络时代一旦到来，就不可逆了，网络把人碎片化的同时，经典成了文物，人获得知识的方式完全改变了，一去不复返。除了为内心写作，不要寄望于任何现在或未来的读者……

@前些天看到的电视新闻：一小偷被抓，唯一的愿望是，央求民警别忘了按时上网替他偷菜！几乎不敢相信这是真的：偷真的不如偷假的过瘾？

@我希望生活简朴而有规律，每天吃着同样的食物，这些食物没有受过污染，是大自然中循环的一部分，我们通过衣食住行和自然交流，并体验到感恩。一切都是被赐予的。我们不是奴隶，所以知足常乐。我们每天劳动，劳动也变成了美的一部分。每天，我们必须写作，必须下田，这也是生活的一部分。

@希望能住在乡下，周围是朴素老农，心地善良单纯，使我能向他们学习。房子不大但足够表达天伦之乐。形态古朴结构严谨，青砖石壁挂着青苔，坚厚木门转动时会发出声音。每样陈设都很简朴但结实耐用，看上去已存在上百年了，记录着家族的兴衰。房子应该是总能住上几百年的，要足够容得下好几代的故事才好。

@狗越老越懂事，最后与主人形如一人。小的比较不谙人生苦。时间没到。

@《罪》：那世代相传的／呈现罕见的重力／使灯相继熄灭／一切妥协／从此涌起的盼望／都变得黑而细长，孤独／细长的不是道路／孤独的亦非兄弟／每一个恐惧都想离开另一个／每一次远行都成了私奔／凝望着的是另一次更黑更深的凝望／死亡也不过如此

@告别白宫后的布什在达拉斯的家中过着低调的生活。常被夫人劳拉使唤做家务。刷盘子是他的“新内政”。布什经常被劳拉打发上街买杂物，提着塑料袋亲自为狗“善后”。闲暇时间，布什还经常参加社区活动。今年初，布什被劳拉派去买电池，店员看了看他后惊奇地问：“有没有人说过你长得真像前总统？”

@《爱人之死》：你躺在临终的床上／最后的微笑使花努力盛开／开完了痛苦的，再开喜悦的／她们一个紧紧倚靠着另一个／／但你吃力地挂在我的泪珠上／迟迟不落／使两个绞在一起的灵魂／更加修长／／昨天的草如何生长／我也曾如何爱你／它滴进这愁惨的午夜／将我们缓缓送出／／我们居住过的窗口／灯火明亮

@曾让我感动良久的一则寓言：一天生瞎眼人经

治疗奇迹般地复明后，看到的世界并不如她瞎眼时“看到”的美好，自己的心也并不如瞎眼时“安静和纯洁”，越来越躁动，于是她竟发出这样的呼告：世上的景色我已一阅，求上帝让我目复盲，以免我心中的正直和真理，不如过去那样显彰……

@“南舌和北舌”理论：南人的舌头上味蕾的感觉方式和分布结构和北人是不同的，导致了南舌和北舌在感觉上的极大差异。虽然在解剖学上是说不通的，但在经验的层次上很有道理。凡被我这个南人看上的馆子，不久后纷纷关门：杭州、广东、福建和客家菜馆。在北京，只要符合我们口味的，它的命运也就差不多了。

@中国房地产的许多事都被任志强不幸而言中，有着善良意愿的易宪容等人屡屡判断失误。不是易教授笨、错，他是按市场规律走的；也不是任志强对或错，他也是根据市场规律走的，只是此市场非彼市场。一切的原因是这块地上的人心刚硬。变态成了常态。中国特色。所以，别追着任总“打”了，他只是说出了真相。

@唐代政令的形成，须先由宰相中书省政事堂召集会议，形成决议报皇帝批准，再由中书省拟诏。但诏令发布前，还必须送门下省审查，门下省认为不妥,可拒绝在诏令上“副署”。诏书缺少“副署”，依法不能颁布。“副署”才成为国家正式法令，交尚书省执行。中书省发布门下省审查尚书省执行，一套完整运行体制。

@大唐一定是和谐社会！唐长安城居然是现在西安城六倍大！当年大雁塔是在城里的。廓城内有南北向大街十四条，东西向大街十一条。朱雀大街为中轴线上，宽达一百五十余米，是今北京东西长安街宽的两倍。其他通城门的大街也多宽在百米以上。垂直交错的大街将廓城划分为一百零八个封闭式的里坊，坊内有民居、官衙、寺观等。

@人所有建最高楼梦想，皆“巴别塔原则”，即通天塔。“巴别”一词有两种解释并存，很有意思：从上帝一方来解，称为“变乱”；从人一方解，希伯来语义：人要接近神、像神。结果：人要制造通天塔，试图以人类自己之力挑战上帝权威，接近其地位，显示其力量，上帝就使之溃散，并“变乱”他们的口音使之言语不通。

@公德十重门：一、湖北捞尸索钱门；二、富二代飙车门；三、感冒农民工民意门；四、烟草企业冠名门；五、荥阳市民被慈善门；六、豆饼老太拾金不昧被告门；七、明星代言门；八、值班医生偷菜门；九、余秋雨诈捐门；十、农夫山泉捐赠门。

@大年伊始，中国人第一个动作是“贿赂”，最先需要贿赂的是财神和灶神。对无生命的“财”和“灶”进贡说成是“纪念”，实在说不过去。所以，从文化的意义上，今天中国贿赂成风，原来也是一种文化传统？

@了解认识别人叫智慧，认识了解自己算聪明。战胜别人为有力，克制自己弱点算刚强。知足人是富有人。坚持力行努力不懈是有志。不离失本分能长久不衰，身虽死而“道”仍存的，才算真正的长寿。——老子原文：知人者智，自知者明。胜人者有力，自胜者强。知足者富，强行者有志，不失其所者久，死而不亡者寿。

@狗为啥做事不避人？典籍上说：因为人犯罪了，突然明白了善恶对错，有了羞耻心，要用一块兽皮（隐喻：必须是动物皮，因此罪为血债）遮羞。据说这是衣服的起源。起首犯罪的是人，不是动物，动物是被拉下水的。所以，直到今天，它们都不以为羞耻。心正不怕影子斜嘛……哈。

@车轮如果没有轮轴做中心，车辐就会崩溃，一切即碎片化了。碎片化就失去意义的依托，沦为虚无。精神若虚无，意志就消沉，情绪就颓废，感觉即无聊。我们不能用一根坏轴心，就否定所有的轴心。无论东方和西方的传统，只要我们割裂或抛弃它，我们就一定没有前途。

@人生像Y字路，走上一条路，就离开了另一条路，走的时间越长，离它就越远，直到和理想完全分道扬镳。从此的一生，皆身在曹营心在汉。所以，每一个人到最后，都发现最想做的那件事没有做。只有绝少的人有幸从事了自己愿意做的事。这样看来，选择就算是一次肉搏，也要坚持到最后。然后，奉为天职安之若素。

@常听到议论：中国影视编导不会编故事或编不出好故事。我认为真相是：有“思想愿望”，却缺乏“思想能力”，所以无法形成“思想过程”，而“思想过程”的轨迹，是叙事逻辑中最重要的逻辑。这就是为何“三角恋爱”可以写成街头小报，也可以写成《安娜·卡列尼娜》的区别。以上判断同样适用于中国小说家。

@罪，这个词，sin，并不是说所犯的罪行，查其原意，竟是：没有射中靶心。你觉得意外么？看来罪分三种：罪行——罪的行为；罪案——罪的记录；罪性——犯罪那个本性。sin显然是从罪性上说的，即所有罪中最大的罪既非杀人也非放火，而是什么也不信，无所信者没有定见，并以自己为神，就像射箭已偏离靶心。

@人一生的果效是由心发出的，所以，人心里怎样思量，他的行为就怎样。这样看来，一个人的“看法”似乎比“事实”更重要，来源于强大智慧的看法能帮助我们这个充满错误的人纠正事实和偏差的人性。看法不摇摆，就会有定见；一生若有定见，就会生出信心；一生有信心，就会生出幸福。

@加缪说过，传奇不是文学，只是故事。今天，我们不但分不清文学与传奇，甚至无法分辨生活和传奇了。当核心价值遭遇挑战后，要描述人性的复杂面貌变得空前困难，因为文学的道德和技术边界变得模糊。在这种情况下，如何描述传奇呢？又如何描述文学呢？只有一个办法，把传奇写成另一种东西：奇迹。

@人生第一次被欺骗：小学四年级时，当时全国实行半工半读，上午上课下午劳动。我们每天用截短了的锄头挖圆柱形大圆坑，一群孩子跳进地洞，像地鼠一样刨着洞壁，然后填上肥料种上金桔。好不容易熬到收成那一天，我到学校等着尝尝劳动果实，突然看到告示：高二的学长发了倡议书，所有金桔全部捐献国家。

@关于幸福的梦：一、我落水了，马上就要死了，有人把我救上了船。我又冷又饿，他们给我吃的，我也满足了，却非常惊慌，因为我身无分文。二、他们接着告诉我，你不用担心，这一切是白白赐予的。我释怀了……我要问的是，“我的得救”和后一种“我的释怀”，哪一种才是真正的幸福？你给解一解？

@内在决定外在，生命决定行为。好比一条鱼，虽然活在咸水里，身体却不咸。什么时候才被咸侵入呢？它死了以后。

@普京真懂经济吗？不懂，他不过就是卖资源而已，然后把财富从寡头处夺回来，分了一些给民众。不过，他还真分了一些出去。新加坡像个公司，公司高层赚大钱，职员赚小钱，不过，总是赚了钱，能过下去。所以，东方亚细亚的猪槽里只要还有食物，一切都好办。

@左派和右派做的难得相同的一件事：兴高采烈地嘲弄“信仰”和“高尚”。

@除了上帝，这世界上只站着两个人：一个人叫自我，另一个人还是自我。

@《阿凡达》输给《拆弹部队》，原因只有一个：剧本。

@施虐和受虐，基本构成了革命内部的全部风景。

@儿女双全：一不小心就给我整个双胞胎，现在哪儿养得起呢？

@有的歌词是用血水写的，有的歌词是用泪水写的，有的歌词是用汗水写的，那么，现在很多歌词就是用口水写的……了无诗意的时代。

@对“V”，我的意见是：不必感觉过强，也不必感觉过弱，去留随意，它不过是一个实名认证而已。有时实名认证有好处，因为有人用别人的名字注册，无法辨认，这对实名上网的人有时会造成困扰。如此而已。

@作为灵魂书写的文学艺术，永远也不会灭亡，因为这意味着心灵灭亡。消亡的只是它的寄主，但它就像倔强的病毒，会继续顽强地寻找新的寄主。

@很多国家从不称自己国家是“伟大祖国”，反而称自己是一个世俗国家，却称私有财产是“神圣不可侵犯”的。这是何故？因为私产权利不是国家给的，而是天赋的，故而神圣。

@每天开始上微博，推门，像进了一个俱乐部，人越来越多，话也越来越杂，人声鼎沸，机锋来往，继而一个一个飘过，离开，回家，直到深夜，曲终人散，终成寂寥……微博究竟是你的脸，还是你的心？抑或只是面具？

@人饿了渴了，外面必有水和食物预备，否则人的身体就死了；人有情感和求知需求，外面必有科学文艺爱情人伦预备，否则人的精神就死了；人的内心还有一个不明原因的深深的洞，是文学爱情都无法安慰的孤独，则外面必有一个信仰预备，否则人的灵魂就死了。所谓身心灵，或者体魂灵，说的大抵就是这个常识罢。

@微博异化症——没话说时，强说；非发自内心，假说；该守分际的话题，多说；为猎奇而说，秘说；明知错了，硬说；没时间说，抢说；不熟悉的专业，胡说；未经求证就上帖，听说；解构一切严肃，戏说；总想争话语权，演说；最应该说的时候，不说……唉……还是有话就说，无话少说吧。

@人与人之间有誓约；民与民之间有契约；国与国之间有盟约；人与神之间有圣约。

@有了“奉天承运”，“皇帝诏曰”方有底气。在中国，这“天”是个虚位元首，只解决合法性问题，而在西方，却是个实权人物，掌握着帝王的信心。

@东方人说：未知生，焉知死？西方人说：未知死，焉知生？

@青歌赛（中央电视台青年歌手电视大奖赛）的唯一贡献：终于听到了“民族唱法”的声音，不过它现在叫“原生态唱法”。

@暴力行为，只要沾上“革命”或“爱国”，不但合法，且合乎道德化了。比如五四运动中的火烧赵家楼。

@为什么每年的劳动节，我都在劳动？

@对于这个世界，我们知道得太多了，知识的过度细分和穷尽欲望，破坏了我们和上帝间关于知识树的禁忌平衡原则，导致碎片化的宿命……我们是承受产业的后嗣，不是这个世界的雇工。

@人来定规则的世界叫江湖，神来定规则的世界叫国家。

@微博不是一个论坛，是一个社会。

@值此时代，我若麻痹我自己，就是对他人的一种伤害。

@有了GOOGLE以后，人一问三不知。

@《金瓶梅》虽然赤裸裸地那什么，但它有一个优点：它是唯一没有制造偶像的“古典名著”。

@自然律和道德律，皆有一个规律的创造者，就好比一个小小的玩具车，都有一个智慧者将它按一定规律制造出来。是敬拜玩具车的规律呢，还是寻找造车人？

@贾宝玉是一块弃玉，他的无用性和有用性，都在于女人。女人依次在他身上证明自己的价值，然后离开。他代表了一种绝望的空洞和怀疑主义……《红楼梦》真是一部描写“虚无”的绝世之作。

@娱乐绝对是电影的其中一个特性，但它诉诸“感觉”。过分强调诉诸“感觉”而不是诉诸“感动”的东西，会带来“成瘾效应”，以后只能不断加大“刺激强度”，否则没有反应，最后，感觉渐渐迟钝、消失……电影就这样死掉鸟……

@小说以驱动字词和句子，激活读者的经验和想象；电影以移动影像描述“那一个”故事，如此，它若不更多地借重象征出离固定经验，则会被“写实”拖垮。

@游民文化特征：游民和政治结合，成就暴君式帝王；游民和黑社会结合，成就土匪和恶霸；游民和权力结合，成就贪官和污吏；游民和知识结合，成就游侠文化；游民和日常经验结合，成就庸众。

@经典好莱坞故事的三幕结构原则：第一幕，英雄的问题，预示冲突和危机；第二幕，英雄对问题的持续斗争，结束于更严峻的考验；第三幕，英雄对问题的彻底解决。人物原则：有缺点的英雄。这是文学圆桌上掉下来的碎渣。

@何谓“异议口红”？它不但没有提供力量，反而消解了力量。双方通过一种默契的推手，演出了一幕高明戏剧，混淆了焦点，掩盖了真英雄，操纵了大众的良心，取得了效益，达成了微妙的平衡。

@当代中国，一部肉身叙事的巨著。

@埋葬真实后的两个动作：文人佯狂，世人佯傻。

@我们是主人，却没有这个国家的解释权。何谓背约？法律层面你当然有权背约，但如果一个人只注目于赔偿责任，心中默许背约的正当性，他已经在最深处离弃契约精神了。

作业本

作业本的新浪微博

http://t.sina.com.cn/jakejones

(2010年1月6日－2010年11月25日)

作业本，基层文字工作者，底层创意制造者。著名ID，网络鬼才，吐槽大师，在微博出名的神经病，靠写字吃饭的死胖子。

@丫就是个卖鞋的，还Just do it。

@我们的爱情是两部剧：开始是韩剧，目的是日剧。我们的工作是两会：上班就开会，下班就散会。我们的乐趣是两幕：一块电脑屏幕，一块手机屏幕。我们的目标是两代：养活下一代，养好上一代。我们的日子是两室：白天办公室，晚上一居室。

@男装逼品牌Top10：一、G-star。二、Ck。三、iPod。四、L'Oreal。五、Nike。六、Nikon。七、iPhone。八、Durex。九、Chivas。十、Casio。女装逼品牌Top10：一、H&M。二、Converse。三、Haagen Dazs。四、iPhone。五、Ob。六、Lomo。七、Pizzahut。八、LV。九、More。十、Swatch。

@两难：中国足球在赌球中进退两难。中国政府在房价中进退两难。中国人民在春运中进退两难。中国明星在春晚中进退两难。中国制造在山寨中进退两难。中国网络在互联网中进退两难。中国警察在打黑中进退两难。总之，中国在世界进退两难，我们在中国进退两难。

@急中生智：一、央视急中生智，屏蔽国足球事；二、凤姐急中生智，要做北大性事；三、胡玫急中生智，曝那孔子私事；四、子怡急中生智，十六万做做法事；五、娜拉急中生智，拜李时珍洗丑事；六、春运急中生智，局部实名乱事；七、谷歌急中生智，要坏谷姐好事；八、李庄急中生智，抖搂重庆囚事。

@一群嘴里夹着一条腿：宋祖英那张和谐的嘴，王菲那条粉红的弯腿，姜昆那张掉牙的嘴，巩汉林那张倒胃的嘴，冯巩那张想你的嘴，黄宏那张三句半的嘴，林永健那张娘们嘴，闫妮那张听不清的嘴，韩磊那张祖国的嘴，郭冬临那张会跺脚的嘴，蔡国庆那张正人君子的嘴……看了春晚，春天来得更晚了。

@春晚最火的竟然是衣服：一、牛莉的Prada外套+ChanelT恤，一夜之间，淘宝上已经卖出了近万件；二、王菲的Elizabethand James holiday外衫，与周蕙在《大兵小将》首映礼着装撞衫；三、蔡国庆的红围脖；四、王力宏的红裤子黑西装，很像理发师；五、赵本山的蓝干部装，都快被他穿成新的啦！

@每个名人背后都有一个人名：一个是医术，一个是魔术：韩寒，刘谦。一个是男人，一个是女人：韩寒，郭敬明。一个是名人，一个是人名：王菲，李健。一个是警察，一个是经理：文强，唐骏。一个是傻逼，一个是装逼：章子怡，张颐武。一个是相声，一个是发声：郭德纲，姜昆。

@我家楼下有两条街：一条是手机街，一条是真鸡街。我回家先经过手机街，那些姑娘们就热情招呼我：贴膜么？贴膜么？然后我路过真鸡街，那些姑娘们也热情招呼我：按摩么？按摩么？这两条路我走了无数次，直到分不清她们喊的是贴膜还是按摩，甚至，我也不知道我是有意路过，还是无意路过……

@不成熟女人标志：一、半夜起来偷菜；二、每天都在淘宝；三、知道春哥也知道凤姐；四、天天看湖南卫视；五、用两个月的薪水去买LV；六、脖子上还有巴宝莉的山寨围巾；七、每周都去夜店；八、让不是老公的男人买单；九、做爱不让对方戴安全套；十、以为老公能养自己一辈子，以为还能被大款包养；十一、当小三。

@成熟男人标志：一、脖子上不挂大相机，手上不拿山寨机；二、当过雷锋，没当过谢霆锋；三、知道牛莉的衣服，也隆起小腹；四、有几条好领带，也能把住裤腰带；五、会吹牛逼，也会装逼；六、有过一夜情，但不是爱情；七、还喜欢王菲，但没有是非；八、三十岁前挣过八千的工资，三十岁后告别小资。

@【四位红人的闻名分析报告】一、凤姐的闻名之路：默默无闻→绯闻→奇闻→新闻→旧闻→充耳不闻。二、兽兽的闻名之路：丑闻→传闻→秘闻→骇人听闻→耸人听闻→臭不可闻。三、犀利哥的闻名之路：趣闻→喜闻→异闻→闻所未闻→日常见闻。四、后宫优雅的闻名之路：笑闻→博闻→热闻→久而不闻→遗闻。

@【大多数】一、大多数洗浴中心，都以性欲为中心；二、大多数外贸中心，都以外遇为中心；三、大多数市场中心，都以股市为中心；四、大多数城市中心，都以楼市为中心；五、大多数工作中心，都以偷工为中心；六、大多数销售中心，都以传销为中心；七、大多数救助中心，都以自助为中心；八、大多数会议中心，都以乱议为中心。

@告诉自己一句话：一、每天上班的时候我都告诉自己一句话，又来骗今天的薪水啦。二、每天下班的时候，我也告诉自己一句话，今天的薪水终于又骗到手啦。

@人睡着了就是一具尸体。

@今天看了闫凤娇童鞋的照片，穿衣服的一概进行了缩略浏览，没穿衣服的我细细端详。对不起，我不关心服装设计，我只关心人体艺术。

@你不在我眼前，我每天都像失恋一样。

@一条围脖的生命有多长：一条围脖的生命跟一则广告的生命是一样一样的，只有五秒钟。第五秒你不喜欢，第六秒它已经死掉了。第一秒你喜欢，第二秒它就会长出翅膀，一百秒以后，它就成了蒲公英，遍布到每个角落……

@爱情的电话：一、没有手机的时候，我们用IC卡电话说到凌晨。二、有手机了，我们的收件箱里每天都躺着好多短信。三、换第二个手机的时候，我们却没有太多的话要说了。四、换过好多个手机以后，那个拨过无数次的号码却很少拨出了，只是在节日的那天，说一句：节日快乐。五、已经没有人用IC卡说爱情了。

@【为什么】一、他们连二奶都住在别墅里，为什么把你的房子拆了还把你的亲人打死了呢？二、他们拿你制造了矿难，为什么还把你叫史上最大救援呢？三、她们为当明星都主动要求拍摄潜规则了，为什么你个空姐被潜规则还自杀了呢？四、他们买双袜子国家都给报销了，为什么你在大街上卖袜子还被城管打了呢？

@【缩略语】一、领导认识的：ATM。BJ。CBD。DNA。GDP。RMB。VIP。WTO。WC。二、领导不认识的：AVI。BBS。CET。DOS。GIF。RMVB。VISA。WORD。WEB。三、领导经常说的：OK。RMB。GDP。VIP。WC。四、经常说领导的：SB。2B。ZB。NMB。CNMB。RNMB。

@卖西瓜的：不熟不要钱。卖香油的：不香不要钱。卖薯片的：不脆不要钱。卖石榴的：不酸不要钱。卖光盘的：不高清不要钱。卖衣服的：不好看不要钱。卖保险的：不赔不要钱。卖房子的：不升值不要钱。卖面膜的：不增白不要钱。卖花的：不开不要钱。卖糖的：不甜不要钱。卖鱼的：不鲜不要钱。

@白天看电脑屏幕，晚上看电视屏幕，睡前看手机屏幕，这一天终于谢幕了。

@【哈】一、哈，代表附和。二、哈哈，代表敷衍。三、哈哈哈，代表认同。四、哈哈哈哈，代表陌生。【呵】一、呵，代表拘谨。二、呵呵，代表装逼。三、呵呵呵，代表应付。四、呵呵呵呵，代表随便。【哼】一、哼，代表调皮。二、哼哼，代表可爱。三、哼哼哼，代表无聊。四、哼哼哼哼，代表蛋疼。

@一、能趴着，就别坐着；能坐着，就别站着。二、再苍白的脸，也有粉红的回忆。三、没事别睁眼说瞎话，闭眼说的才够亲切。四、脑袋大的不一定是厨师，可能是吃货。五、我不喜欢长期装逼，但我喜欢装死。六、最近风太大了，把我的招风耳都吹乱了。七、站直了，快趴下！八、每个大人都是由孩子变成的，坏人也是。

@搜狐关了，还有网易；网易挂了，还有新浪；新浪崩了，还有腾讯；腾讯废了，还有QQ；QQ关了，还有MSN；MSN停了，还有邮件；邮件封了，还有豆瓣；豆瓣掉了，还有人人；人人残了，还有开心；开心走了，还有电话；电话丢了，还有短信；短信断了，还能托梦；托梦不到，那烧纸吧。

@唐骏学历造假有什么大惊小怪的？据统计，各类办证人员二十年来为国人办了大约四亿个证。每五个人中就有一人持有假证，在这么一个病态的国家和病态的人群，不用假证怎么证明自己？

@谢谢你给我的爱，陪我找到富二代。

@【有三样】一、世界上有三样东西是不能控制的：想念、妒忌、房价。二、世界上有三样东西是不该放任的：身体、青春、房价。三、世界上有三样东西是不能后悔的：生命、时间、房价。四、世界上有三样东西是不该回忆的：灾难、死亡、房价。五、世界上有三样东西是无法压制的：咳嗽、爱情、房价。

@【中国式阶级分析报告】一、负产阶级：贷款买房的人。二、无产阶级：还没买房的人。三、中产阶级：有两套房的人。四、资产阶级：有多套房的人。五、农民阶级：盖房子的人。六、工人阶级：租房子的人。七、地主阶级：卖房子的人。八、毛主席说的打倒地主阶级，推翻资产阶级……多么耐人寻味。

@【某些】一、某些领导，没有正常的思考，只有失常的大脑；二、某些奸商，没有精英的脸庞，只有肥胖的皮囊；三、某些愤青，没有真实的魂灵，只有咒骂的神经；四、某些记者，没有起码的原则，只有疯狂的谴责；五、某些作家，没有尖锐的喉牙，只有虚伪的作哑；六、某些明星，没有健康的感情，只有凹凸的体形。

@爱情就是我得了一点小胃病，你坐了六十分钟地铁，二百四十分钟飞机，三十分钟出租车，爬到二十四楼，来给我熬了一锅小米粥。

@不是每句对不起都可以等到一句我爱你。不是每句对不起都可以换回一句没关系。

@四个最简短的鬼故事：一、深夜加班自己乘电梯，进来一老太太说：这么挤啊……二、一个人搭出租车，司机问：你们三个要去哪里？三、一人从车祸现场走开，迎面有人拦住说：喂！你的一只手还在车上呢。四、从一楼搬到十楼后的晚上，有人敲窗户：出来玩啊。

@一、有一张信用卡的人，叫卡通。二、有两张信用卡的人，叫卡卡。三、有三张信用卡的人，叫卡夫卡。四、有超过三张信用卡的人，叫卡夫。五、有欧洲信用卡的人，叫卡西欧。六、有一堆信用卡的人，叫卡农。七、有信用卡的男人，叫卡巴斯基。八、有信用卡的女人，叫卡哇伊！

@高居骂人用词榜的三个词：创意、艺术、文艺。瞎子带聋子去看电影，回家之后都写影评。见一个爱一个的人，就叫贱人。

@多难啊，兴邦。困难的难。

@黑夜最大的用途就是可以面无表情。

@一个小学生的一年365天：寒暑假84天+节假11天+双休80天+睡40天+吃喝拉撒40天+玩20天=265天。剩100天在学校，其中，走神5天+课休15天+来回路上10天+欺负同学3天+被欺负2天+交头接耳5天+打架骂人4天+病假7天+吃零食3天+罚站1天+写作业19天+考试10天+逃课5天=99天。就剩今儿一天，还得给老师过节！

@洗澡的时候我突然内牛满面，原来这长出的肚腩才是泼出去的水，再怎么吸也收不回来。

@中学生物课，学到人体构造，其中讲到腹股沟一节，下面男生都一脸茫然昏昏欲睡，女老师一急，一把拽起裙子：这就是腹股沟！从此以后，这位老师的课，一个睡觉的也没有了。

@剩女是对宅男最无情的嘲讽。

@从周一到周五，就是世界上最远的距离。

@史上最悲催的十一长假：回老家发现老家被拆了，回来后发现新家被拆了。

@一、爱情就是：你像唐僧我像沙僧，来来去去都是悟空。二、虽然我心里有你，但希望床上也有你。三、梦里数钱自然醒，大酒美梦天天有。四、你是祖国的宠物，有没有快感你都在叫。五、不在牛逼中爆发，就在傻逼中灭亡。六、你身上穿着劲霸，我心里装着绿坝。七、房价就像高血压，国家却在装高雅。

@人生最痛苦的事情就是过了一辈子生日许的都是同一个愿。

@从我妈肚子里出来，就没打算再回去。

@小时候，你总爱哭，让你别哭，你还哭，家长烦了，一巴掌扇过去，从此以后，你不敢轻易哭了，而且很乖。你看，不打你，你怎么会乖呢？

@据说，每个女人看见又帅气又有钱的男子和每个男人看见又漂亮又有钱的女子，潜意识的第一个反应肯定都是：丫是单身的吧？

@一、感情上，他相当失败，爱她一辈子，却从来没敢面对她。二、事业上，他不算成功，东游西逛，连个房子都没买。三、生活上，他乱七八糟，和小自己几十岁的人互称兄弟。四、思想上，他一塌糊涂，疯疯癫癫忘记吃饭。五、他活了一百多岁，仍然没长大，他叫周伯通。六、希望每个人心中，都有一个老顽童。

@【不知是谁】一、二〇〇九年十月八日，河南中奖3.59亿元，不知是谁。二、二〇一〇年十月五日，河南中奖2.58亿元，不知是谁。三、二〇一一年十月二日，河南还会中出大奖1.57亿，据说仍不知是谁。

@十一装富攻略：一、把QQ的IP设置成爱尔兰，然后在深夜上线，肯定有人向你推荐爱尔兰咖啡馆。二、上微博只用手机版，以示旅游不带电脑。三、将手机来电过滤成用户不在服务区。四、收到短信等会再回，以示时差。五、收到MSN留言用邮件回复。六、翻墙上Twitter，然后发博文说Twitter新鲜事。七、搜集照片节后发。

@iPad用途：一、练一阳指。二、煎鸡蛋。三、当桌布。四、打乒乓球。五、照镜子。六、扇耳光。七、暖被窝。八、体重计。九、镇纸。十、相框。十一、垫桌子腿。十二、给iPhone充电……

@北京奥运那一年，因单双号限行，一人被逼无奈，购一大众高尔夫。奥运过后，遂忘高尔夫。二〇一〇年，此人搬家，在沙发底下发现了一把大众车钥匙，感到莫名其妙，苦思一下午幡然醒悟，迅即赶往停车场，遂启动。保安走来：这是你的车啊？此人答是。保安曰：大哥啊，三年了，你终于来了。

@人人人。

@【年轻】一、经常说“操”的人，比经常说“干”的人，心理上要年轻五岁。二、经常说“干”的人，比经常说“日”的人，心理上要年轻五岁。三、经常说“日”的人比经常说“靠”的人，心理上要年轻五岁。

@邻座男女，男子衣着不凡，女子身材丰满。男子倜傥英俊，女子温柔绝伦。男子轻揽女子，女子拥依男子，不时言语呢喃，又常娇嗔不已，眉宇缠绵无尽爱恋……不由慨叹，所谓爱情也就是此刻相依，又一起旅行。未几，飞机着陆，女子电话接通：“老公，我马上到，6号口见。”不禁面红耳赤：爱情，它到底是个啥？

@请你永远可爱，陪着我这无赖，虽然我很失败，也有好多无奈。面对现在，开始感慨；想起未来，又经常发呆。常去做梦当大牌，其实人生太难猜。那些伤害，就扔在千里之外。谁对谁应该，谁比谁慷慨，活着就要比赛，管他失败无奈，管他发呆耍赖，爱你的自由自在，也爱你的蔚蓝天籁！

@A跟B是朋友，B与C是朋友，A和D是朋友。有一天，A和C打架，D出来骂C，B出来骂D。D

骂 C，是因为和 A 是朋友，B 骂 D 是因为跟 C 是朋友。结局是：A 和 C 万分惊愕地看着 D 和 B 打得头破血流而不知所措。结论是：A 和 C 都没错，错的是 D 和 B。但人们却喜欢 D 和 B 这样的朋友。A 和 C 纷纷表示：生活中必须要有 D 和 B 这样的朋友。

@一涨一涨又一涨，万税万税万万税。

@天气冷了，一下觉得自己瘦了好多。

@如何保住你的漂亮女友：千方百计地喂她好吃的，直到她变成一头胖子。

@【副团长】一、宋祖英：海军政治部文工团 副团长。二、范冰冰：西影厂演员剧团 副团长。三、陈思思：二炮文工团 副团长。四、腾格尔：中央民族歌舞团 副团长。五、黄鹤翔：中国煤矿文工团歌舞团 副团长。六、韩红：空政文工团 副团长。

@别人骂我，我如沐春风。于是，骂我的人，一会就气死了。

@狗虽然咬狗，但狗总是一家子：QQ和360恢复兼容，号称是政府干预。

@亻$= 佛，人有钱就成了佛。

@一个惨无人道的消息，一个灭绝人寰的消息，一个绝望至死的消息，一个伤心欲绝的消息，一个肝肠寸断的消息，一个愁眉苦脸的消息，一个呼天抢地的消息，一个捶胸顿足的消息，一个泣不成声的消息，一个垂头丧气的消息，一个生不如死的消息，一个心如刀割的消息：明儿周一。

@参加亚运会的国家，母语没有一个是英语，可惜每次赛场广播，都是一遍中文一遍英文。笑死我了。就不用告诉我英语是国际通用语言了，我上过学，知道这个，但我就觉得特别搞笑。

@相对于你身上的CHANEL5号味，我更喜欢你身上的油烟味儿。

熊培云

熊培云新浪微博

http：//t.sina.com.cn/xiongpeiyun

（2009 年 12 月 4 日－2010 年 8 月 21 日）

熊培云，一九七三年生，祖籍江西。《南风窗》驻欧洲记者（主笔）。《南方都市报》《新京报》《南方周末》《东方早报》专栏作家及社论作者。二〇〇五年和二〇〇七年，以其理性且有情怀的思想、温和而向上的力量两次入选世纪中国网友“百位华人公共知识分子”。著有《重新发现社会》《自由在高处》等。

@我之所以常说"悲观是卧底"，是因为我意识到悲观会与这不如意的世界、貌似强大的侵权者构成合谋，里应外合撅翻我们的斗志，或者像唐福珍（女，成都金牛区天回镇金华村人，二〇〇九年因抗拒暴力拆迁自焚而死）一样，因绝望而消灭自己的身体。

@这个国家（country）的对立有多严重，从国家-社会（state-society）的关系是可以看得到的。唐福珍的生在国家（state）那里是轻如鸿毛，唐福珍的死在社会（society）那里却是重如泰山。

@现代汉语真是要命，连个"国家"都说不清楚，还有那个臭名昭著的"权利"与"权力"，音竟然相同。

@前几天我说唐福珍死于“屋顶上的矿难”，因为权利的天空在屋顶上坍塌。其实，那屋顶上摆的何尝不是时代的祭坛。此一事件最大的不幸，不是唐福珍对政府的绝望，而在于尚没有从新成长的社会中看到拯救她的希望。

@随便点开电视剧《蜗居》，看了一集，女人说，“要不说这是转型期的痛苦呢。”男人说，“型怎么还没转完哪，美国两百年的历史，早就完成了积累，我们五千年的文化，怎么还没完成这原始积累啊！”是啊，中国什么时候过出这原始社会哪！中国是不是非得转型转得不行了，又要从头再来？

@以前看过一条新闻，前几年英国人铺铁路，看到一棵树，上面留有二战时期一位士兵画的裸女，为了保护这一点“文物”，修路方重新设计了线路绕开了这棵树。中国这权力装扮下的动物世界，掌权者胡作非为，老百姓被当作植物人，随便移植砍伐。我们本来同属高贵的人类，但其待遇，竟不如异邦的一棵树。

@嘴上五毛，办事不牢。

@每天都在博弈，每天都有大量的人在投降，而且是有组织地投降。

@潘石屹说他二〇〇九年“疯收了！”国家的繁荣建立在一堆房子上面，怎不风雨飘摇？而政府、房地产商和没有底线的媒体联手推高中国房价，早已经沦为搜刮民间财富的“联合收割机”。

@事实上，这些年来，从网上海量的细碎留言到遍地开花的专栏文章，时事评论对社会进步的推动还是居功至伟的。草色遥看近却无，当我们隔着五年、十年回头望，就不难发现，因为近年来评论的中兴，中国的公共空间已经获得了可喜的成长。

@我喜欢胡适那份安宁豁朗及“我从山中来，带来兰花草”的烂漫纯朴。无论在什么困境中，人生都是要保持些风度的。在苦难与阳光之间，我更愿意看到阳光与积极的一面，看到万物生长。我希望自己目光明亮，明辨是非，但也知道每个人，由着这渐次开放的环境，在向着好的方向走。我不憎恨，我的心中没有敌人。

@在我看来，写评论首先是一种思考与表达方式，久而久之甚至也是一种生活方式，一种精神状态。一个真正热爱写作的人，未必会去信仰什么宗教，但他会将自己每天的写作当作一种关乎良心的祷告。

@茨威格说："一个人生命中最大的幸运，莫过于在他的人生中途，即在他年富力强的时候发现了自己的使命。"反观之，我同样认为，一个人，在他的有生之年，最大的不幸不在于遭受了多少困苦与挫折，而在于他虽然终日忙碌，却不知道自己适合做什么，最喜欢什么。

@中国人终于明白，中国崛起，指的是房价崛起。

@国家推土机与收割机如入无人之境，新兴社会随时可能土崩瓦解，这才是当代中国人最需要面对和化解的"国难"。

@获选"中国最具幸福感城市"的十座副省级、地级城市是：杭州、成都、宁波、西安、昆明、南京、长沙、银川、南昌和长春。本届调查及评选活动，首次将县级市引入其中，旨在反映中国城市化迅猛推进中县级市的创新与变化，共有十座县级市入选。——烧的烧，抓的抓，成都还好意思最具幸福感？

@“Wall state”，可译为“华尔国”“墙国”。我刚制造了这几个词，我相信它们会流行。社会有多少自由，可以称量出一个国家的重量。

@美国有华尔街“Wall street”，东方有“华尔国”Wall state（墙国）。社会已经开放至此，筑墙何益？此心安处是吾乡，每个人只能对自己的生命负责；古人亦求“立德、立功、立言”，筑墙者将自己的一生立于何处？

@二〇〇九年的圣诞节，没有比这天更幽默的了。

@我想的是，一个自由国家不会建立在一群奴才上（胡适），但也不会建立在一群被怂恿的烈士身上的。

@完全是一个常识性的错误。如果解封也不是给You Tube解封，而是给中国解封。你闭上眼睛，然后睁开，解禁的不是世界，而是眼睛。

@不尊重生命的教育，活下来只是侥幸。细想我现在坐在这里写字，何尝不是死里逃生？我上中学时，便被学校两次组织去山上灭火，一次是在白天，一次是在深夜。当时的情景，想想都后怕。

@有公共精神并不意味着非要冒着利刃送死。人性是——铡刀永远是在别人脖子上最轻，在自己脖子上最重。当政府、学校号召孩子“见义勇为”，不过是以道德说教拉别人孩子的伕，让他们上战场、做童子军。而且我认为，即使是成年人也有保持懦弱的权利的。正是承认此懦弱，人们才建立国家，成立政府，招募警察。

@萨特说："人是一堆无用的激情。"想来，有时候人也是一堆无用的情绪。所谓理性，不过是让这无用的情绪变得有用罢了。有情绪未必是件坏事情。人若无情绪，这还是人间么？事实上，同样是情绪，也是可以相互纠错的。情绪有时候接近心灵，也是有理性的。不能全盘否定。

@在中国，嘲笑是生产力。其实，芙蓉姐姐在北京大学演讲谈社会责任，像她这样先自救，再救人，也算是公民典范了。

@有一位外交官朋友，曾经和我谈起美国某些汉学家如何通过构词法理解“中国崛起”。只是，这些汉学家的说法多少有些耸人听闻。他们说，大家注意了没有，在汉语字典里，“崛”是“山峰突起”的意思，而熟悉地质学的人都知道，“山峰突起”的一个大前提往往就是发生地震！

@在国家与社会之间——大家天天在说，中国有多少社会问题。我想强调的是，中国绝大多数的问题，不是社会问题，而是国家问题。比如说清退代课老师，你说这个社会不要太冷漠，其实真正冷漠的不是社会，而是国家。

@有媒体问我在巴黎最浪漫的事是什么，我说最浪漫莫过于住在十六区，距塞纳河只五米之遥，每天清晨从埃菲尔铁塔下穿过，赶到索邦大学图书馆看书，倦了就在院内雨果像下静坐，喂鸽子，聊天，看人来人往，看漫天流云舒卷……此地此时，感觉平生所有的苦都烟消云散了。

@穷得只剩下一条枪了。

@发一个感恩帖。经常在土大力（韩国快餐品牌）吃饭，感谢那里治好了我多年未愈的肠胃。不知是否与大麦有关。

@学校未经家长允许，让孩子七八岁就系上红领巾从政，也够剽悍的。

@青年毛泽东在《伦理学原理》批语中，论及个人有无上价值后，有这样一段话："凡有压抑个人，违背个性者，罪莫大焉。故吾国之三纲在所必去，而教会、资本家、君主、国家四者，同为天下之恶魔也。”此一时，彼一时也。

@现在中国有两种声音。一种是“吾皇万岁万万岁”，一种是“吾黄万岁万万岁”。

@孙悟空——沙和尚——唐僧——猪八戒——猪……人类如此进化？

@人民需要寻欢作乐。强奸民意是最高境界的色情。

@暴力之外，维护稳定的三大法宝是：面包、马戏和考试。

@春天来了，谢天谢地，冬天摧毁不了四季，还没有人能摧毁四季。

@这膝盖上的国家，非下跪不足以抒情，非下跪不足以维权。

@能带领千军万马的人，未必能带领自己。一个人能带领好自己已是人生万幸。我只想带领好我自己。

@我主张废除死刑，我同时要说，倘若我被杀，我最希望的仍是杀我的人能在法庭上活下来。人不能被杀，应该成为人类共同的底线。

@强奸案发生后，讨论被强奸者当时究竟穿的是一件什么衣服，不无聊么？

@传播改变观念，也改变问政方式。网民如今狙击到两会，两会便成了雷公与雷母的楼台会。纳税人知道，没有反对派参会，两会难免成为“春晚+国庆”。但千真万确，时代变了。无视民意者，将不仅孤独于历史，而且已经孤独于现实了。因为社会掌握了这个时代的主旋律，而这主旋律就是“嘲笑”。

@难怪要搞南水北调，这样的脑子齐聚北京，一次得进掉多少水啊?!（谈全国两会）

@录音笔你都抢，怎么穷成这样了?不会自己买一个?又不贵!（谈官员抢夺记者录音笔）

@温家宝说:“创造条件让人民批评政府。”这意味着在如何批评政府方面，主导权仍在政府。既然批评乃人之天性，更准确的表达因此是——“无条件让人民批评政府”。而且，从逻辑上说，这“让人民”三字也可以删除，即实现“无条件批评政府”。一句话：批评政府是不需要条件的。

@胡适曾经在演讲中说，“在变态的社会之中，没有可以代表民意的正式机关，那时代干预政治主持正义的责任必定落在知识阶级的肩膀上。”今日中国，知识阶级忙着发表论文去了。干预政治主持正义的责任落在了网民的肩上。

@地产党执政。

@博尔赫斯说：“我心中暗暗猜想：天堂就是图书馆的模样。”我准备在老家建一所乡村图书馆，需要募集些书籍，期待有爱心、愿意建设乡村的朋友多支持。先热个身，具体事宜近日会有详细说明。

@谢天谢地，在人类把我们变成公民之前，伟大的自然首先让我们变成了人类。

@我不入人间，谁入人间。不用想太多，继续活着吧。

@离开筵席，琴声响起，踏上往北的列车。回想刚才与几位二十年未见的同学相逢共饮，看流逝的不是时间，而是我们，什么成就都不如青春年少。

@早起，看细雨中的江南。喜欢江南的草长莺飞，杂花生树，喜欢这淅淅沥沥让人回到内心靠近自己的雨季，谁料却在萧条的北方过了二十年，这算不算杯具（悲剧）？

@平生没什么迷信活动，就是略信点星座。冥冥中有天意。

@马尔罗（法国当代著名作家和社会活动家）说过，真正热爱这个世界的人，没有时间革命，他会忙着修建公墓和图书馆。今天回老家，见证参与筹建的乡村图书馆落成。更感谢英强兄，这是我们共同的事业。

@搞完奥运搞世博，中国政府过得可真是空虚。那么多关系民生的紧要事，何不立项做？

@又是一年。柳絮斜飞北国天。

@在朋友的山间别墅小住数日，聚友长聊，更感觉到拥有一幢被严格保护的房屋，就等于拥有一个国家。而自由的根本，仍在于自治。

@弱肉强食，没有目的的报复，又死一批孩子，真是天下大乱了。天天播种暴力与仇恨种子的电视台该好好反省了——如果你打开电视看电视剧，不需五分钟，你一定会听到“报仇”二字。没有宽恕与慈悲的中国没有未来，甚至也没有现在。这么多的刀光剑影，你怎安心活在当下？

@（凌晨）两点睡，五点多就醒了。眼看六月要来了。这一年，又死一半。

@一、不自由，仍可活。二、（绝望的）人啊，赦免你自己。——旧文中的题记，转给富士康的员工，以及所有绝望的人。愿谁也不要对自己的不幸命运落井下石，谁都不要对自己的生命行刑。

@不用梯子，在一个别人蹲着、趴着的时代，你站起来就在高处了。

@一人超生，全村结扎，东方不败！

@前些天回老家，遇到一些中学时的女同学。言语之间，发觉女人有“三怀”。年少时怀春，再后来就是怀孕，接下来就是怀旧了。怀旧的原因，一部分是因为当年的春怀得不是太好。

@晨起。复睡。入梦。飞翔在故乡的青山上。几世修来的因缘，让我今生自由千种，飞梦无数。

@老家有座山，山上有座庙，庙里曾经有个老和尚。几十年前，老和尚在临死前有对自挽联——“坐阅五帝四朝，不觉沧桑几度；受尽九磨十难，了知世事无常。”老和尚的名字叫虚云，近代著名高僧。年少时逃课上山，听晨钟暮鼓，宛如昨时。

@孩子回答说：“我是即将来到的日子。”

@朝鲜足球形势一片大好，而且是越来越好。但是，越是形势大好，越是有阶级敌人破坏——再这么踢下去，朝鲜要向葡萄牙宣战了。

@每次路过南开大学的体育馆，都会听到一阵叽叽喳喳的笛子声。南开人太想有一个属于自己的鸟巢了。

@我招供，我不是球迷。但是很多年来我一直看世界杯，从头看到尾。世界杯是“草地上的乌托邦”，是“夏天的乌托邦”。世界杯我看的不是足球，是世界。

@看南非世界杯最痛苦的是，你总觉得电视周围嗡嗡嗡嗡落满了苍蝇。

@嗓子慢慢恢复了，偶尔想去K歌。在座的有没有这样的经历——想K歌，也不呼朋引类，也不特意安排，兴之所至，独自去K歌，K完就走。

@“半边是滚烫的热钱，半边是凄凉的生计。”一位大三的学生和我聊天，这么形容现在的“和谐社会”。年轻的学生并非看不懂中国。这个国家，有的富得流油，有的穷得流血，几十年来，究竟谁在分裂中国？

@刚收到一道题，三个五一个一，算二十四。据说很难，可我五秒钟之内就做出来了。感兴趣的同学自己算算。

@要微博不要世博。

@“在敬爱领袖金正日的关怀下，我们的足球队会完成这一壮举。”——朝鲜足协副主席孙光浩在接受采访时表示有信心拿世界杯冠军。

@梧桐树下，望湖而坐。为什么看见湖水时，会变得心境平和？

@拍电影，写小说，如果导演、作家的目的只是让人流泪并在此基础上赚些票房与稿费，我觉得他们都自轻了。因为他们将自己或者自己的作品降到了芥末的水准，事实上确实又不像芥末那般灵验。

@为了给剑南春做广告，拍那么长一部电影，究竟是植入式广告，还是植入式电影？既然中国导演一个个立志让大家哭，有兴趣的朋友可以重办一份与中国电影有关的杂志了，不叫《看电影》，叫《哭电影》。

@刚看完《唐山大地震》，没有一滴眼泪。其一，知道这是人造地震（分得清戏里戏外，我看恐怖片都会睡着）；其二，大牌演员太过眼熟，让我很难进入戏中的悲情（女小演员几幕戏除外，这也让我更喜欢阿巴斯找当地人拍的地震电影）；其三，剑南春的三次植入广告太过分，从家里追到墓地，连上坟都不放过。

@在地铁口看完几本杂志，略翻一本书。入定安宁的一上午。如果有一个很好的终端，这世界都可以当我的书房了。

@罗说，清晨的散步是对一天的祝福。不幸这失眠的夜，我却在床上散步一晚上。从左侧散到右侧，然后从右侧散到左侧，辗转反侧。

@没有先进，只有快进。今日中国，代表世界快进生产力的发展要求，代表世界快进文化的前进方向，代表世界最广大人民的根本速度。

@熊耀华当年为什么叫古龙，不叫古熊呢？叫古熊其实也不错。

@这些年来，尤其是在我三十岁以后，对历史、对人生有了些见识，我最想对自己说的一句话是："要么成为熊培云，要么一无所成。"没有谁的人生可以复制，你最有希望的事情就是做最好的自己。我相信，每个人的生命都是一部史诗，区别只在于有的人坚持写完，有的人过早放弃。

@GDP崇拜和成功学是这个时代的两副毒药，不仅败坏了自然、败坏了社会，而且败坏了人生。

@傍晚出门觅食，路过一片小树林，听取无数蝉鸣。这炎热的夏天，每只知了都在树上开了个微博，也不见政府去管管。

@翻天覆地，方睡方醒，以为天亮，谁知这漫漫长夜才刚刚开始。听虫鸣四角，秉手机夜游。

刘苏里

刘苏里新浪微博

http://t.sina.com.cn/1093772521

（2009年10月13日－2011年2月19日）

刘苏里，北京万圣书园总经理，生于一九六〇年，其一九九三年创办的北京万圣书园，成为北京“文化地标”之一，也是中国最成功的民营书店之一。作为万圣书园经营者，刘苏里另一身份是声名远播的学者型书人、中国当代图书市场的民间观察者。

@买书铁律：挑选时欢天喜地，付款时愁眉苦脸。

@刚在MSN上留言，感慨网络厉害，说：人类生于洞穴，但必将死于网络。

@上帝的死亡和大众民主的诞生差不多同时出现。

@公理起源的路径很值得梳理。公理一定产生于人群。公理是通过无数次（意味着无法统计次数）博弈，群体多数（甚或全部）达成的共识。公理绝不是命令（指示），也不是“重要讲话”中的一锤定音。

@一种疯狂，只能以另一次更具毁灭性的疯狂，方能得到医治。

@多数时候，勇气意味着孤独，不求掌声。勇气真正的动力，是对敢于使用强力者保持人格上的蔑视。

@最短的有益教材——以自省为根基。

@脑里无问题，书看也白看。

@夺公权有两种情况，一是被夺者各方面处于下降态势，夺者可号称天命所归，所以夺权合法；一种被夺者各方面处上升态势，夺者夺的唯一理由就是这权应该我当，所以夺权并不合法。此条定律可用于检验所有夺权行为正当与否。

@三年多前，万圣醒客咖啡厅靠窗户的沙发上，我跟老友Y侃足球与政治，我说，“国足”与“国政”

同构，国政不兴，国足只能呈衰相。Y很不解。这不来了——“国务院调研组杭州深夜密约八国脚，聊天内容全保密。”

@本来官来自民，民养着官，而官忘了本，一切有关矛盾不仅由此而生，且官之虚幻感觉与意志、地位，短则冬虫夏草，长则兔子尾巴。

@私人财产权利，是人之为人的本质规定性。私产再不好，人类也要熬到所有人都认为不废除不可时，再废不迟。

@一老帮菜（北京俚语，相当于老家伙、老东西等，含贬义，也常用于朋友间调侃）很哲学地说：一国无王，必民粹主义泛滥；学术界无王，多数年轻学子必倒向左倾。我：嗯。

@原本天意可畏，神意可畏，何时变成人言可畏了？当人僭越天、神，以一己之言，当绝对精神，人便无可救药矣！

@智慧源于脑残，服务于残脑。

@世道真的变了，是女的，都被称为美女，男人不耻恭维，女人乐得享用。

@老英国首相迪斯累利谈到谎言，说，有三种谎言：谎言、糟糕透顶的谎言和统计资料。

@有些滥帖子，你理它，便是给发帖的脸了！它们所感所言，其实只欠俩字：双规。

@读史可知，人间神都是自造的，真神是人造的，良心神是他造的，无一例外。

@很多年，看北大人丢人，我脸上无光、无聊。后来北大人丢人大了，慢慢醒过来：原来他们从未珍惜过当年校徽带给他们的荣誉、勇敢、责任心和良知。

@（转帖）一个人口众多的大国，最高权力的来源和传承都没有制度化，而是暗伏太多险恶的变数。

@有些脖（博）友怕围脖织多了，耽搁了读书。我的看法是：农业社会，倡导的是“耕读之家”；现时代，应该鼓励织读两不误，或可谓之“织读人生”？

@把该赶走的都赶走，关起门来，便于屠宰。

@一朋友说，一伙人组织活动，群发联系，第二天群发功能被停，打电话询问，答曰：非法群发！此公大怒："你TM是不是非法活着呵！"

@世间可以确认的真理（之一），是凡人必有偏见，否则不是人。各类（社会）科学研究，都是偏见。其间的不同，是接近真理（相）的程度。只有神没有偏见。但这句话，还是有偏见的人说出来的。

于建嵘

于建嵘新浪微博

http：//t.sina.com.cn/yujianrong

（2010年10月9日－2011年2月19日）

于建嵘，一九六二年生于湖南衡阳，曾任教于湖南师范大学，现为中国社会科学院农村发展研究所教授，社会问题研究中心主任。曾在香港中文大学、香港浸会大学、美国哈佛大学进行过学术交流。著有《中国工人阶级状况：安源实录》《抗争性政治：中国政治社会学基本问题》等。

@信息时代，我们也许能超越几千年来的暴力政治之路，也许能在很短的时间内完成以世界政治文明为旨趣的“训政”，也许一个真正民主自由的国家在不久的将来出现在世界的东方。而实现这些的决定性力量，也许就是掌握信息技术并具有批评和抗争意识的中国民众。

@解决目前的压力维稳机制，需要变被动维稳为主动创稳。社会需要理智，执政者需要智慧，研究者需要品格。中国目前日益频发的社会冲突，并不仅仅是通过经济体制改革可以解决的，还必须通过政治体制的及时转型而得到解决和控制。

@我认为现在是“刚性稳定”，最主要的缺陷就是其社会管治目标的绝对性，即为了稳定可以做一切事情，而且还经常把民众正当的利益表达当成是对社会管治秩序的破坏，以敌视的态度对待民众正当的利益表达。

@我认为，执政者的无约束的自利行为及在社会基本规则建设中存在的问题造成政治合法性正在快速流失，增加了政治体制用来维护自身运行的成本，会使社会无序和冲突在一定程度上失控，有可能使“刚性稳定”演变为社会的无序。如果冲突加剧，就有可能发生崩溃式的社会大动荡。

@我今天讲的：“改革”和“发展”作为新价值话语后，曾经得到社会各阶层的广泛认同。可是现在社会底层民众长期不能从改革和发展中获益，而且被日益模化和固化的排斥性体制所抛弃。如果他们认识到正是这种改革和发展造成了自己边缘化地位的话，改革就会因此失去广泛共识这个根本动力而停滞甚至倒退。

@我今天对（江西的）这些公安局长说，目前的压力维稳是中国目前特殊政治生态下的产物，与中国的刚性稳定联系在一起的。压力维稳使政绩考核功能异化，众多的一票否决使基层官员左右为难。压力维稳成本高，投入大，维稳工作造就新的利益部门，地方政府迫于维稳的压力，不惜花费巨额经济成本。

@刚才收到一条短信，是这样写的：于教授，您好。黑龙江鸡西市劳教所近日又打死上访人员，有材料给您，您什么时间在家，我们来送给您。这样的短信，天天都有啊。

@在中国的政治生态中，稳定是压倒一切的，其他任何事情都要以稳定为基本前提，任何工作都要给维稳让路。为了维稳甚至可以不惜给正常经济发展、民众日常生活带来不便和负面影响。

@长久以来，中国在稳定问题上都存在着泛化和扩大化趋势，有着顽固的“宁紧勿松”的思维定势。群体冲突、停工、罢运等事件都会让地方官员胆战心惊，都让他们时刻处于高度紧张的状态。当前的很多基层官员已经不堪重荷，面临着“对上扛不住，对下管不住”的尴尬局面。

@写评论不如写微博。这两天有几家报纸约我写评论，其中有两家还开有我的专栏。可我都以没有时间推辞了。他们说，你不是在写微博，如何没有时间写评论了？我说，写微博，我可以按我的想法写，写给想看的人看。而你们报纸的规矩太多了。我的微博我做主，不需要看人家的选题和风格。

@我在深圳调查时，有农民工向我诉苦，虽然夫妻都在深圳打工，却由于夫妻只能分开住集体宿舍，已有好久没有过夫妻生活了。有的只得在野地里和车间的角落里相爱。合法夫妻不得不野合，这是我们这个时代的悲哀。

@今天我讲课的时候提到“社会新底层”问题时，主要观点：上世纪九十年代以来，贫富差距、城乡差距、地区差距、弱势群体等社会问题逐渐凸显。在经济改革单兵突进，政治改革和社会改革相对迟缓的情况下，作为科层组织的政党和政府机构还是占有社会的主要资源，决定着社会资源的分配方式和方向。

@画家村记事：人类的画家。住进小堡村（北京通州区宋庄镇所属）后，发现画家不过数十，却很有活力。一位画家来自新疆，姓张名鉴墙，说话更是气势磅礴。“通州是北京的，宋庄是中国的，小堡是世界的，我们是人类的。我们为人类画画，不为人民币画画。”就是他说的。这有些像疯话，但我却感到了他们的智慧和勇气。

@今天中国的发展，再不能以拆迁为发动机了。宁愿发展慢一点，也要把保障民众的基本权利放在首位。拆迁可以拆出政绩，可以拆出高楼，拆出超级富豪，但拆走了民心，拆走了人权和拆走了这个民族的未来。就是为了公共利益要拆迁，也要有公平公正的司法来解决。保障公民的基本权利就是当今中国社会最大的发展。

@我就是党的领导。今天在广东云安主持第六届农村发展论坛开幕式。安徽一村支书参会。刚吃早饭时言称：村民自治没有什么用的，共产党的江山就得坚持共产党的领导，党支部才是村里的核心，我是村支书，村里的事就得听我的，否则就是反对党的领导。这么简单的道理，你们学者为何不明白呢？！众学者无语。

@政绩共同体更多地表现在上下级执政者之间。下级官员的政绩都是上级官员政绩的组成部分。下级官员拼命搞政绩，在某种意义上，就是讨好上级官员的一种明确的表示和努力。因此，上级官员就会对下级官员的某些明显违法乱纪的行为表示一定的理解甚至纵容。下级官员只要能掌握这种平衡，就会获得提拔这类回报。

@世上本无事，只因要拆迁。是非无须判，功过在民间。

@底层社会是一种社会存在，也是一种价值观，还是一种研究方法。中国政治社会学研究者所努力的就是要揭示这种社会存在，张扬这种社会价值，坚持这种研究方法。在实际的研究中，就要深入到底层社会的内部结构中去，采取实证观察方法，从正在发生的社会现实中探索发生变化的深层次原因。

@抗争性政治，是一种以政治的眼光对底层民众的制度化或反制度化行为进行解读的框架，它构成政治社会学的一个重要研究领域。抗争性政治并不预设抗争主体行为的合法性，而只是相对于传统的精英政治的一种新的解读方式，即以底层社会的眼光看待底层民众的行为。

@东书房记事：醉仙丁学良。学良兄,香港名教授，言中国经济学家不超过五人雷倒世界。好酒更是了得。夜宿小堡一宾馆，半夜外出喝酒。归。见一对男女正在房里亲热。怒，训经理：我开的房间就是我的家，如何让外人来瞎爱？告知，走错了门。反问：瞎爱不关门也是你们的错。口吐粗气，不知是酒气还是牛气也。

@东书房记事：名帅柳传志。柳传志，智慧贤达，彬彬优雅，创联想而名扬天下。聚，帅言：成名后，行为多有限制。某日，夜行车归家至小区门口，保安离岗而不司其职。久等，怒，鸣号。来一人。本想斥之。来人惊呼，这不是柳传志？即换笑脸，对来人致歉。何故？惧炒作也。众叹曰：本为性情中人，为名所累也。

@有一个任省级官员的同学，一次与我谈心里话说：兄弟，你总批评我们这些当官的拼命往上冲，这是因为你没有当过官，不知道当官的感觉。那种感觉真的让人非常受用，就是不贪污受贿，那种前呼后拥，指点江山，有什么事给个眼色就有人办等等官威，也让人感到此生没有白过。而官越大，这种感觉就会越明显。

@脱敏，是当下中国的一个重要任务。现在中国社会有太多敏感的事情、敏感的人物、敏感的话题和敏感的时期，甚至把一些国计民生的问题，都搞成了所谓的敏感问题。大家均回避，不敢正视和讨论。事实上，这只不过是执政者过度反应，是一种严重不自信的表现。在一定意义上，微博是现在最好的脱敏器。

@也不能说全没有反抗。当时社会控制的一个重要特点，是基础社会的阶级性划分，把个人都体制化，底层社会产生了一批打手，所以反抗的个人不仅是原子化的，而且攻击的目标是底层的，主要是直接领导人不成气候。（谈大饥荒时农民为何宁可饿死也不反抗搜粮队将其手里粮食全部抢走）

@农业税取消后，在一定的程度上干群关系有所改善，但没有改变农民与社会的关系，也没有改变农民仍旧居于社会弱势的现实。农民贫困，而农业很难使他们致富，因此，产生了大量的农民工成为了城市的二等公民；更为严重的是，因土地引发的社会冲突成为了农村的焦点问题。农民与政府及社会的关系进入到了一个新的时期。

@在北京大学“民主政治建设问题”会上，我讲了“政治体制改革的路径思考”。中国人民大学高放老师指出，现有四种认识：一、民主政治发展与经济发展相一致的（中国模式论）；二、民主政治发展落后于经济，通过社会建设改变；三、民主严重滞后于经济，要重新进行政治设计；四、政治改革被中断，要从县级政权改革开始。

@今天听课的是五十个乡镇书记。刚才有一位书记很悲伤地对我说：我农村的祖居要被强拆了，我父母和兄弟实在不想上楼，地方上就动用黑社会吓他们，制造各种事端。我找家乡的镇书记，希望能看在同是乡镇党委书记的份上，高抬贵手。可那个书记说，我们都是乡镇书记，都应该知道县委书记要干的事是不能反对的啊！

@二〇一〇年社会泄愤事件时有发生。这些事件一般都因一些日常小事，如车祸、非正常死亡、医疗事故、城管打人等引发，民众围观继而发生严重的打砸抢行为。主要参与者大都与事件双方都没有直接利益，只是为了发泄对当官的和富人等强势人群的不满。这类事件的增加，表明当前官与民、贫与富的冲突十分严重。

@二〇一〇年农民维权的焦点问题仍然是土地问题，中心议题是征地和拆迁。但与往年主要集中在经济发达省市和城市周边地区不一样的是，今年在一些实行所谓“增减挂钩”政策的省市，在远离城市的地区，由于拆村建居工程引发的社会冲突显著增加，并因此发生了多起自焚等恶性事件。这些事件产生了极大的社会影响。

@粉丝换大米，此创意可以上春晚。有一朋友来电说，你开博不到三月，有近二十万粉丝，我决定在这次大家狂欢时，赞助二百公斤最优质的大米，送给二百名来参加活动的粉丝。这还真是一个创意。记得有一年到日本访问，他们农会送给我的礼物就是一公斤大米，那种米要一百多元钱一公斤呢。

@父亲性格最大的特征，就是江湖得很，只要有人求着他，只要不是伤天害理，特别是对普通百姓有好处的，天大的事他都敢干。因此，他有很多很多的朋友，多得数不清。这些朋友分布在天南地北，各行各业。所以，很长一个时期，特别在湘南和桂林一带，一报他的名头，就能得到某些积极的响应。

@为何要当领导？因为可以用很便宜的价格买到别墅。河南虞城是国家级贫困县，在虞城县供电公司的住宅区珠江花园，小区四周围绕着几十栋别墅。虞城当地普通商品房价格也要每平方米一千元左右。这些供领导住的别墅每套近三百平方米，总价十三万，相当于每平方米四百多元。

@关于乐清钱云会案公民观察团，我的几点意见：一、支持笑蜀的建议，也愿意参与其中。二、乐清官方可以考虑通过这种方式与社会沟通，这有利于满足民众对真相的追求，可创造重大公共事件处置的新经验。三、活动要有官方的配合，否则无所作为。四、在未有实际行动前，不接受任何媒体采访，媒体可找提议人笑蜀。

@拆吧。拆吧。拆吧。抢吧。抢吧。抢吧。老百姓就是这么点房子，农民就是这么点地了。

@河南省交通厅四任厅长均因腐败“前捕后继”

说明，当前腐败具有一定的必然性：没有完善的社会监督体系，这些无政治信仰及缺执政理想的官员对“组织”的保证是靠不住的。原厅长曾锦城就说：“我以一个党员的名义向组织保证，我绝不收人家的一分钱，绝不做对不起组织的一件事。”后因收受贿赂被判刑十五年。

@中央团校有一位副教授，博士毕业多年，申请跟我做博士后研究，称我为师。前几日，我到他学校演讲，提出到他家看看孩子。他面露难色说：农村来的没钱买房，又舍不得离京，全家三口租住在只有十多平米的地下室，每月租金七百多元，想坚持到当了教授也许能分到房。我听后，难过很久。

@刚有媒体问：为何要坚决支持孟建伟（复旦大学在读博士生，其父孟福贵在太原家中死于暴力拆迁）？实际上太原这几年发展还是蛮快的。我的回答：无论这个地方发展多快，只要侵犯了公民的基本权利而不能公平公正地处理，这个地方的执政者就不合格，就应承担责任。想想，如果是自己的父亲因强拆被打死了，会是什么心情，会采取什么行动？！

@北京大学的复印店应是全球最讲政治的地方。有专家来取钱云会案件的资料，因已发完，需复印。没有想到在北大跑了几家复印店，均以是上访材料而拒绝，说如果发现复印机将被没收。牛啊，伟大的北大管理者！

@是要搞清楚什么是打人和什么是强制行动。

@今天官场不腐败不行。是不是说，今天的官员都在贪？

@在当今中国，对平民百姓而言，如能如此，已是很幸福了。就怕，那蜗着的也强拆了。(谈蜗居)

@“当官管一阵子，有钱管一生一世。”——湖南省郴州市原纪委书记兼巨贪曾锦春同志语录。二〇一〇年十二月三十日的一声枪响，让曾锦春的生命画上了句号。一个本应整肃官场、查处违法乱纪的纪委书记，为什么会走上不归路？中央高层应从曾锦春同志沦为罪犯这一事例中看到什么呢？

@目前发生了如此严重的土地问题，首先要问责的就是国土资源部！二〇一〇年底到二〇一一年初，国土资源部在全国范围内进行了三轮违法用地的问责行动。截至一月七日，国家土地督察机构派驻全国的九个督察局全部启动土地违法问责，对土地违法严重的九个市县政府一把手进行约谈。至此，国家层面约谈的市县已达到二十个。

@中央要求政府与农民就集体土地征收价格进行协商。难啊。中央农村工作领导小组副组长陈锡文日前称，征收农村集体土地，完全可以通过农民和政府的协商、谈判形成补偿价格。现实是，政府与少数村干部说了算，不服就强征，起诉到法院不受理，上访就拘人。这种情况中央不查处，说得再好，也没有用。

@看完了胡赳赳送的《北京的腔调》。胡赳赳很有才，书写得很有态度和腔调，有些还让人哭笑不得。我对他的这个观点尤其认同："我不是一个卫道士，我也喜欢吃喝玩乐，我也希望过得比别人好，但我希望有尺度。现在的问题是，这个社会太突破底线了：形势大好，人心大坏！"

@看了很多帖，感到现在争论主要有两个问题：一、国家和社会有没有资源解决乞讨儿童问题。我认为有，卖几块地就够，少修一两条高铁更够。二、先禁乞儿还是先建福利保障制度。这是个伪问题。禁止是目标，具体路径当然要以福利保障制度为前提。有目标，政府和社会才能有所作为，才有制度突破，有何不可？（谈微博打拐）

@我们的目的，就是让所有的宝贝回家。

@只要关系到农民土地问题，地方政府就会下重手，因为利益太大了。官府及官员与民争利是问题的关键。

陈志武

陈志武新浪微博

http：//t.sina.com.cn/chenzhiwu

（2009年10月14日－2011年2月18日）

陈志武，生于一九六二年，湖南茶陵人。著名经济学家、耶鲁大学终身教授。曾获得过墨顿·米勒奖学金。其专业领域为股票、债券、期货和期权市场以及宏观经济。著有《为什么中国人勤劳而不富有》《非理性亢奋》《金融的逻辑》《陈志武说中国经济》等。

@把生儿女看成为了让你以后生病、老了后有所保障，出于这种功利目的而让一个生命来到这个世界上，是对人生命的不尊重，甚至说是不道德的。在现在你可以用非人格化的金融产品来实现养老和意外出现时的经济保障，如果有了这些，你还出于功利目的让一条生命来到世界上，就是对人生命的不尊重、不道德。

@“国进民退”五大后果：一、让国有经济的比重继续增高，中国经济模式的转型，减少对出口和投资的依赖的愿望就很难实现，甚至是不可能实现的。二、中国的就业增长必然会走下坡路。三、对老百姓的收入增长来说不是一个好消息。四、对产业结构的调整非常不利。五、使得中国的民主、法治进程停滞不前。

@在我们中国知识分子看来，只有“救中国”的情怀，而没有听说过知识分子要有“救中国人”的情怀。现在“中国”强盛了，但还是没有听到几个人说该救中国人了。

@“城乡差序”博物馆，“农民工暂住证”博物馆，“户口”博物馆，综合在一起，成立“农民工”博物馆，具体记录展现农民工的制度与社会背景，为了中国经济“奇迹”他们的所作所为。

@实现温家宝总理“让中国人活得有尊严”的第一步是，废除户口制度，给农民以百分之百的公民权利，建立“户口”博物馆！

@贫富差距是当今中国的最大话题。但是，中国今天最大的贫富差距是什么？答案：是政府与民间社会间的贫富差距！这也是民间消费难以相配增长的根本原因之一。

@中国式机器人教育，不只是影响你这一代，还会影响到你的下一代，连你去了美国，也难免！帮个忙，给你的子女一个生活的机会，人应该是活生生的，应该有趣味，不是只是为了考分！因为如果没趣味，功课学好了又怎么样，不还是为别人打工？！

@民主很具体，是让配置社会资源的权力有所问责。

@中国人典型心态总充满悲伤，多少世纪为生活所迫、被不公所压，当然无法幸福。今天听到老流行歌《二〇〇二年的第一场雪》，让我想到中国的流行歌几乎都悲伤、忧伤，而在美国，悲伤忧伤类歌曲，几乎不可能流行。像二〇〇八年奥运会的《我和你》都带点忧伤，在中国社会能共鸣，而在美国却从来没有。为什么中国人这么忧伤？

@不同利益集团和公民团体，在共同接受为公平、公众、透明、平等的规则下博弈，由此形成的动态均衡是动态稳定，基于动态稳定的和谐是对社会最有益的和谐。对各级政府的监督与批评是动态和谐的重要要素。

@美国贫富差距大，但自一七七六年建国以来，除因黑奴问题引发十九世纪南北战争外，没闹过分裂或颠覆政府的革命。为什么这么稳定？一、民主投票给人们以出气机会，把责任算在政客身上；二、不管出身背景如何，你的子女也能像比尔·盖茨那样创业致富；三、像这次高盛、AIG（美国国际集团）一样，每几年揪出几个资本家，让政客、公众痛打出气一番。你信不信？

@中国为什么不能推出物业税？一、税已经太多，税收增长比老百姓收入快两倍以上。二、还有那么多国有资产和土地，政府财富无量，而老百姓资产性财富少得可怜。三、物业税是对老百姓财产的摄取，远比房价调控政策需要严肃，须有严格立法过程；况且这种税只上不下，子孙后代也脱不开。四、加任何新税之前，财政必须先阳光。

@大学对美国经济实力贡献非常大，具体方式多数人不了解。美国法学院培养了无数外国学生，他们毕业回到祖国唱主角，使各国商业法、公司法都向美国靠拢，使全球商业与金融规则跟美国一致；商学院也如此，让全球商人都说同一语言。跟当年英国靠炮舰建立秩序不同，美国靠法学院、商学院同化国际秩序，降低跨国交易成本。

@朋友问：什么是真正的男人、男子汉？当然，每个人都有自己的定义，但有一内容该包括，就是敢担当，而且也在担当。许多人习惯依赖父母，不管长到多大，连自己成家了还啃老，这显然不是男子汉。大学毕业前可以靠父母，但毕业后就该自立。父母再有钱，自己也宁可做按揭花费。自立与敢担当是男人的底线准则。

@对房产税，没有谁比各级政府更高兴。过去是通过国企、资产、土地增值税、银行低存款利息等方式将社会财富往政府集中，现在将增加一条新的永久途径。钱包要看紧了！上海财经大学教授胡怡建说：一些城市房产市场发展重点由一级市场转向二级市场，对房产由开发单一环节征税，逐步转向开发、转让和持有多环节征税。

@权利是什么？“权力很具体，权利太抽象”。任何社会，个人权利总是最为脆弱，最易受侵犯，并是看不见摸不着地被侵犯；而权力最易失控，稍微不注意就会膨胀。权利一般为天赋，而权力则依靠强制力支撑，其强制力可能基于权利的认可而合法，也可能基于非法暴力。我们可以从拆迁、征税等方面看到，权力是对权利的最大威胁。

@为什么有的社会死刑频繁也不见得更法治？事情的过程可能是：平时执法很松、随意⟹给大家“不用把法律太认真”的错觉、变相鼓励违法⟹秩序乱了、每隔一时期又要严打而且必须死刑⟹之后又放松执法……以此循环，结果大家对法治无所谓，人们则随机地被“严刑峻法”。死刑泛滥，每个人都是实质上的受害者。

@国有经济比重越高，官僚化程度越高的社会，必然会越看重文凭，甚至是机械地只认文凭。因为国企与官僚机构的委托代理问题远比私企严重。私企可以根据自己的判断，不用太在乎文凭这种表面的东西，但国企、官僚机构不能这样。所以，社会文化也慢慢变得机械，于是就有了唐骏、美国西太平洋大学这样的奇闻。

@上海要成为世界金融中心，为什么北京不能说也要建成世界金融中心呢？是因为中央已经选择了上海。所以，其他城市不能再以此为目标，否则就是不跟中央保持一致。你认为，世界金融中心是市场的产物，还是行政决策的产物？

@全球化是什么意思？Infosys（印度著名IT企业，世界五百强，印度历史上首家在美国上市的公司）创始人讲得好：全球化就是到成本最低的地方融资，到效率最高的地方生产，然后到利润最高的地方销售。——你的理解是什么？

@我不是说要取消文凭，而是要取消政府部门对文凭认证的垄断，不能认为只有政府认证的文凭才是“真的”。垄断导致腐败。在美国只认声望好的大学文凭，就逼着各大学去自好，而不是逼着大学找行政部门关系。在中国，因只认教育部认可的文凭，所以大学不把精力放在教育，而是放在与教育部的关系上，误导子弟。

@强调落户权与迁徙权、强调权利平等，不是主张福利国家，更不是主张加税。很简单，各地政府已收了这么多税，且税收增加迅速，也无法控制其增速，那就有如何花这钱的问题，也有享受其好处的权利是否平等的问题。为什么有户口的公民子女可免费得到教育，而同样为当地税收贡献但没户口身份的农民工却要付钱？

@在美国，不管你出生在哪里，不管是农村还是城市，只要你是美国公民，你今天想搬到哪个城市生活，就在哪里纳税，而你的子女肯定能免费上那里的公办幼儿园、公办小学与中学，完全同等享受所有权益和福利。在中国，这么多农民工，却不能就地落户，这样就没有稳定的劳工供应。为什么他们贡献了税收却不能落户？

@刚才吃早餐，边上坐着一位做父亲的跟他四五岁的女儿，二十几分钟，没听他们说一句话。做父亲的，不能只知道谁是其子女但没有交流呀。亲情更重要的不是生理上的血缘，而是交流。原始社会才只认血缘。

@中国国有经济的理论基础是什么？这问题没人问了，但非常重要，不仅是因为国有财富巨大（所以该搞清楚），而且现在国企运营目标越来越模糊。国资委给国企定的目标经常变：一会儿是市值最大化，一会儿销售份额最大化，一会儿是利润最大化，一会儿就业最大化。这不能怪国资委，因为国企不再有明确的理论基础。

@今天是美国的劳动节。耶鲁已经在上周开学，可是各学院的课程安排“各自为政”。管理学院今天放假，但研究生院和本科院系今天照常上课。而且，平时一天上课时间段各学院也不同，寒假春假根据各专业各行业的不同各学院自定。这真是一个自由社会里的自由大学。开始不习惯，但想想有道理。

@警察是合法强制力、合法暴力。当警察可以不顾宪法、被随意调动抓记者，当黑势力可以肆无忌惮、不用担心合法强制力的追究，而去威胁公民的人身安全时，这说明什么？

@朋友孩子去美国读书，他们给孩子买人寿保险，就是以孩子的生命为标的，如果孩子没命，父母得到补偿。他们是出于爱孩子。我说，这个保险应该换方向，是以你们的命为标的，如果你们出事，孩子能得到收入保障。这才是人寿保险的意义。他说国内父母都这样。我说那就都错了，人寿险不是买祷告。

@一个值得思考的问题：英美在政治经济制度、文化传统、学术传统都这么相同，对于过去一个半世纪英美之间科技创新与经济实力的差距，显然不能用基本制度和文化传统来解释。同样是自由市场经济、民主法治，也有同样科学传统，为什么美国十九世纪中叶就成为世界创新中心？是什么造成了英美十九世纪中以来的大分流？

@为什么美国自十九世纪上半期开始一直为世界创新中心？是资本市场能把未来收入预期转变成今

天的资本，催化创新，激发一代接一代的创业者。

@社会进步的最终目标是什么？在一定范围一定时期内，可能是为了高楼、吃住行乐等，但一旦吃住行乐解决好，度量发展的指标会变成人们对自己的感受，是幸福感、尊严感的多少。这些东西是无产者、无权利者难以拥有的。而国有经济比重越高的社会，一无所有的老百姓比例会越高，没有“自己”的人之比例就会越高。

@香港法治体系是中国难得的财富。北洋与南京政府时期，上海金融商业发展兴旺、秩序井然，关键是当时商人有“法治”选择空间，签约时可约定发生纠纷时到底去哪家法院解决，既可选民国政府办的法院，也可选择法租界法院、英法院，甚至可选香港法院。这就造成各法院间竞争，竞争迫使各方自好，而法治从中受益。

@民主是什么？是在当权者行权过度时就会被选票赶下去。明天美国中期选举重头戏之一是内华达州民主党参议员Reid，现任联邦参议院议长。他因过去两年全力以赴推动奥巴马“救市”医改等“大政府”议案，而今被迫面对共和党对手的巨大压力。最新民调显示Reid落后。即使最后他能守住席位，这也等于警告各议员：今后不能无条件支持奥巴马。

@跟国内同行合作做研究，时常碰到术语不对称的问题。对我拿耶鲁经费一起做的研究，国内大学同行要“立项”，否则成果不算。问：这是什么级别项目？国家级，部委级，校级还是院级系级？开始我不明白：如果我们把研究做好了，管他什么级别呢？与行政级别何干？！可对国内同行来说，级别就是饭碗！

@在国内大楼里工作，时常担忧紧急情况下的安全。

比如，清华大学经济管理学院大楼有好几个出口，可除一个大门外其他门都上了大锁。每次在那里，我就想，万一起火，那么多老师学生怎么逃生？在美国，公共大楼在使用期间都要求有两个通道始终畅通，否则违法，同时也要经常举行消防演习——你所在大楼是否有通道被锁住？安全吗？

@“维基解密”如果发生在中国会怎样？值得思考。在美国，如果得到机密的人不是政府部门的，就没有保密的法律义务，即使公布出去，政府也拿他没办法。政府只能在内部员工中找泄密者并追究责任，而不能追究维基解密者。在中国，不管是否为政府员工，每个人有保密责任。哪种安排更好？公民知情权？

@经济增长最快是否必然意味人们寿命增长最高？关键还要看增长是否以高人权、财产私有等制度为基础。《纽约时报》今天说：从一九九〇年到二〇〇八年，中国增长最快，且人均寿命上升 5.1 年，但寿命升幅低于孟加拉的 12.1 年，印尼的 9.3 年，越南的 8.9 年，韩国的 8.5 年，菲律宾的 6.4 年，巴西的 6.1 年，印度的 5.5 年。

@华盛顿是首都，是美国政治中心，但不是商业中心，全美最好的大学、最好的医院、最好的高中、最好的影视文化艺术等也都不在这里。为什么跟中国的北京如此差别？关键在于国家权力是过度膨胀还是受制约的。如果美国教育、医疗也由国家经费垄断，不久华盛顿也会样样最牛！可美国社会自始就怀疑政府权力，始终提防着权力的失控。

@人是非常理性的动物，尽管有时表现得不理性。即文化也好，宗教信仰也好，一旦“没什么用”就会被放弃改变。宗教历来有提供经济互助即风险交易作用和解决后世依托的问题，共同信仰是其基础。只是至今风险互助功能已被市场解决，故宗教因现代化而势弱，但因人人都怕死，宗教帮助人积极面对死亡，故会继续。

@就像其他社会一样，中国一直到近代，婚姻的目的都很简单，就是《天仙配》中唱到的“生产单位”和风险互助功能，以经济利益为主，爱情不是婚姻的要素。比如，“爱情”一词是何时在中文里出现的？当然，牛郎织女的爱情故事是不是有很多个世纪了？其实，牛郎织女的爱情故事之所以流传百世，恰恰因为那是非常态，太稀罕了。

@为搞清婚姻家庭的起源，十九至二十世纪初，人类学者研究其他动物，看什么类型的动物雌雄间有长久的婚姻，什么动物只有一夜情。结果发现：后代从出生到自立所要的时间越长，父母间的“家”

就会越长久！如鱼一出生就能游，马一出生就能跑、自食，故鱼和马都没婚姻家庭，而鸟类雌雄间婚姻能持续数月，因为小鸟需要。

@为什么要结婚成家？《天仙配》说出了家的三项功能："你耕田来我织布，我挑水来你浇园"（家是实现劳动分工的生产单位）；"寒窑虽破能抵风雨"（家是实现人际风险互助的金融交易系）；"夫妻恩爱苦也甜"（家是情感交流体）。由婚姻成家实现这三项功能，就能达到"你我好比鸳鸯鸟，比翼双飞在人间"。

@经济学家和学者是研究基础性的经济问题和制度问题，而经济师是不用管制度该如何设计、政策要如何定才能对社会最好，而是只管分析在给定制度和政策之下的最好运作方式。这是科学家跟工程师的差别。

@在任何社会，权利都有价格。人的权利可以随意被权势侵犯且没有后果的社会，权利的价格被权力压得很低。相比之下，人的权利被保护得好的社会，你要有权利的人通过签约放弃权利，那行，你得付出高价，有权利者才愿放弃。正是由于这个道理，高人权社会劳工成本高、收入高，而低人权社会则反之。

@李书福（吉利集团董事长）说：要以更好的成绩回报党和国家的支持。——我的理解怎么是：吉利是私有企业？

@私立大学可以自由决定招生政策，包括对校友子女优先录取一些。原因之一是，如果其他人觉得耶鲁、哈佛这样做不合理、太像私人俱乐部了，那么他们也可办自己的私立大学与耶鲁、哈佛竞争。在美国，你有办私立大学的自由权利。有了这种办学自由，现有私立大学就有权决定其招生方针。

@埃及也好，中国、印度也好，为什么越是古老文明的国家，越还没结束折腾，而像美国、西欧这些后成立的国家则不然？越是文明古国，其历史荣誉感越强、历史包袱越重，越不容易从专制传统中脱胎换骨。青铜器时代的文明都以专制为特色。

@薛蛮子和于建嵘推动打拐，让人敬佩，坚决支持。有几点该注意。一、打击拐骗儿童、逼儿童乞讨，不是禁止儿童或任何人乞讨的权利。乞讨是无路可走者的最后生存手段。二、人大推出严惩拐骗儿童者的法律是一方面，同样重要的是各级人大必须经常对公检法听证问责。拐骗乞讨众所周知，为何执法者多年有法却不为？

吴晓波

吴晓波新浪微博

http：//t.sina.com.cn/wuxiaobo2009

（2009年9月16日－2011年1月27日）

吴晓波，一九六八年生人。财经作家，“蓝狮子”财经图书出版人，上海交通大学EMBA课程教授，哈佛大学访问学者。常年从事公司研究，曾获“中国青年领袖”等称号。著有《大败局》《激荡三十年》《跌荡一百年》等。

@胡润百富榜的第三名是许荣茂，前十二名富豪中，地产商有七人。从一九九九年以来，排在前百名的富豪中，地产商数量从来在百分之六十以上。迄今未改。

@刚才新浪的编辑来电，说达能与娃哈哈分手了。如果有什么离婚值得庆贺的话，这是一桩。它告诉我们三个道理，一、不适合就离了吧，否则对双方都是煎熬；二、不要说一开始选择就错了，要学会互相感恩；三、有矛盾关起门来解决，不要满马路地煽动民族情绪。对我来说，失去了一个“朋友”，学会了独立。

@胡润的女儿上学了，进的是上海一家混合小学，前两天搞英语测试，全班前二十名居然都是中国学生，他很生气地对女儿说，你可是英国人呀。我跟他说，如果英国首相是全球考试产生的，估计前二十万名都是中国人。

@从北京回杭州。看大家都在转国家新闻出版总署与文化部争魔兽主管权事，突然想起一副对联：心系百姓，原无论大事小事；利归天下，何必争多得少得。拟联人：胡耀邦，时年：一九五四。建议以此为每年公务员招聘的必考之题。关机。起飞。

@刚刚读了两本女人写的书，刘瑜《民主的细节》和龙应台《大江大海一九四九》，非常好。女人一旦有了理性的力量，男人们都去打麻将就可以了。

@正在德国法兰克福等飞机，看新闻，唐德刚死了。中文世界里最好的历史倾听者走了。纪念一下。他的口述史中，顾维钧最佳，胡适次之，张学良再次，陈立夫的惜乎未见。《晚清七十年》，以口语表述，颇多己见。海外汉学界又失一将。

@上午在读《薛暮桥回忆录》。老爷子说，中国存在一种“隐蔽性的通货膨胀”，也就是“物价上涨时，就用行政限价来对付，过量的货币不能由物价上涨冲销，并导致物价体系新的扭曲”。想想今年以来统计局的CPI数字，叹一口气。薛是第一任物价委员会主任，他的徒子徒孙们该买一本他的书好好学习一下。

@最近几条企业新闻，总让人无话可说。比如，腾中今天晚上可能达成收购悍马的协议，无话可说；比如，明天，东航与上航要通过合并，无话可说；再比如，国庆前达能与娃哈哈达成“和解”，无话可说。一个无话可说的年头，要么我们错了，要么年头错了。

@年轻的朋友问我，书该怎么读。我是这样读过来的：二十岁前，一排一排地读，跑进图书馆抓来就是；三十岁前，一列一列地读，总想要把某个行业打穿读透；四十岁前，一点一点地读，就是再往细处走，一直读到那些十几年少有人读过的书。再往后呢，我也不知道了。可能是读着玩或就不读了。可不读书读什么呢？

@人这个东西，活着，一辈子都在追求确定性。比如，认同一个国家是确定，找个单位上下班是确定，结婚领证是确定，住家不住大街上也是确定。问题是，当什么都确定了以后，活着就没有什么乐趣了。所以，冒险成了可怕、刺激却又被追逐的美德。确定还是不确定，是人生最大的问题，它比活着还是死去，更恼人。

@人为什么会焦虑呢？我想了N年才想明白。答案是这样的：焦虑是因为有诱惑，诱惑一多，就被逼着要选择，选择不清楚，自然就焦虑。所以，这个世界上最焦虑的人，一定是特别有才的郎和特别有貌的女，因他们受的诱惑最多。怎样才能不焦虑呢？一去死掉，二学会拒绝诱惑。所以，所有的成功都是拒绝诱惑的结果。

@美国有个德高望重的老牧师，老得不行了，要死了，临咽气，信徒们问他，老爷子，你快死了，赶紧告诉我们，什么是幸福的人生。老头说，找一份你喜欢的工作，找一个你喜欢的人，顺便有点钱。然后，他死了。我是二十多年前看到这个故事的，然后就特别喜欢。今天过中秋，免费送给大家。

@中学时就读过，日省乎己者三。国家六十年，我们应该省乎者几日哉？“经济体制本质上是一种浪费和窒息的制度，用在军费与基本工业扩展上的比例很大，用于增加消费基金的数额，永远跟不上工资的增长……”这是顾准当年对苏联经济体制的评价，我听着，很惊耳。

@一大早爬起来改书稿，遇到这段话——“经济体制改革要以社会体制改革为条件，必须从制度上采取措施，才能保证不再回到旧轨道上去。归根结底，改革是政治和社会问题。”说这话的人是波兰经济学家布鲁斯。一九七九年，渴望改革的中国政府请他来讲课，他临离开时扔下了这句话。现在，重新拣起，百感交集。

@现在去成都，晚上在四川大学有一场演讲，是面对大学生的，有脖（博）友到场，到时招招手，亲人呀。

@刚才写“我看青山多妩媚，料青山见我应如是”，脑子里浮现出来的是李白同学的脸，发上去，重读一遍就知道错了。结果两分钟内就被王小山等几个同学一把抓住——大家果然好厉害。所以，微博真的要有一些修复的功能，否则就是上海的钓鱼警察，我们迟早都要被抓现行。

@张树新送我一本《张东荪和他的时代》，昨夜读得很晚，现在还昏乎乎。全国政协第一次会议选政府主席，唯他一人投反对票。不为反对而反对，真是好汉。被关进秦城监狱多年，死前留四字曰：我是对的。好书，可读。另，他代表傅作义投降，保全北平，自称平生第一快事。

@有人问我对当今房地产的看法，我说了八个字：丧心病狂，穷凶极恶。地方政府如果“丧心”，开发商必然“病狂”，老百姓一旦“穷凶”，整个社会肯定就“极恶”了。我说得极端了一点，请原谅，但这可能正是发生的事实。

@“全心全意地去爱，其余的交给命运”。写《洛丽塔》的纳博科夫说的，他的自传《说吧，记忆》今年（二〇〇九年）又出中文版，我现在把它放在卫生间里。我总好奇俄罗斯的文体能力为什么会那么强，是天气太冷造成文字紧缩的缘故吗？好像汤因比有过这样的比喻，所以北方人的文字会比南方人的干燥和关注细节，而且更有莫测感。

@正与青岛啤酒的营销总裁严旭聚餐。全球啤酒业界职位最高的女人。问她成功秘诀，答，一、不喝酒；二、一口气干二十年；三、向巴顿学管理。

@有一天，我问牛文文，要再出一拨马云丁磊李彦宏马化腾，大概还要等多少年？他屈指一算，说五年。那这五年里财经媒体干什么呢？大家就忙着跳槽玩呗。于是，舒立伟志何力等等等等就真的在跳槽玩了。所以，为什么现在财经传媒界那么乱呢？标准答案是，企业界太寂寞了。

@如果我的这个发现是对的，那么世界上最容易长寿的职业人就是：一个有宗教信仰的、在学校里教金融学的老师。于是，内心开始猛烈交战：现在改换门庭还来得及吗？呵呵。

@《阿凡达》被停映的三个理由：一、阿拉伯人对美国提出诉讼，说是片名侵犯了阿凡提的名字权；二、影片动静太大，影响到地球构造，间接造成了海地的地震；三、孔子曰，“述而不作，停而不说”。(注：孔子原话是“述而不作，信而好古”。)

@吴敬琏：我国社会中目前存在的种种权贵资本主义现象，究其根源，就在于不受约束的权力对于经济活动的干预和对于经济资源的支配。改革的时间拖得越长，新旧两种体制之间积累的矛盾就会越多。社会存在的种种矛盾，根源在于改革不彻底，而非改革本身。——吴敬琏说的话，你我都听得出其中的焦虑。

@前日看了《十月围城》，数度盈眶。“革命”实在是非常迷人，不过也是如此残忍，它以同样的血腥吞噬它的敌人和儿子。问题是革命之后怎么办？电影当然没回答。这个问题，一九二三年的鲁迅问过，他的问题是“娜拉出走之后怎么办”。一九六八年，顾准又问了一遍。现在有答案了吗？没有。看电影也那么累，真作孽。

@新年第一天，祝朋友们快乐如意。昨日去净慈寺向济公兄弟祈福，愿他保佑众生平安。离开时得诗一首：“偶来南屏听晚钟，满山黄叶萧萧风；沙僧认香不认人，闲将国事问济公。”多年手生，平仄不对，聊当笑资耳。

@近日重读《顾准文集》，有时仍会莫名地感动。他去世于一九七四年十二月二日，整整三十五年了。他说：“我想，在看得见的将来，这个看来都难受的体制还是会歪歪斜斜地向前走，但是会有一种力量来推翻这个令人窒息的制度……没有什么终极目的，有的只是进步。”我们今天已不相信终极目的，但是进步太缓慢了。

@最近的文件中常常出现“管理预期”这个名词，今天关于遏制房价上涨的新闻中又出现“稳定市场预期”。预期如何管理呢？如果从舆论学的角度看来，就是左右或者说控制舆论导向，使之成为政策宣示的一个工具。费解。在我看来，能够成功地管理预期的人，只有两个，一是上帝，一是骗子。

@我们常常说“这是最好的年代，也是最坏的年代”。那么，怎样的年代是最坏的年代？晚清末年和民国末年应该算是吧。它们的共同特点是：人人知道这样下去是不行的，甚至很多人都明白好的道路、好的办法应该是怎样的，然而，就是无法改变现状，于是只能眼睁睁地看着自己和这个时代一起沉沦下去，终同归于尽。

@今天读布罗代尔的《文明史纲》。他认为，在历史上，中国政府的权力太大了，使富有的非统治者不能享有任何真正的安全。因而，最成功的商人面临的一个永恒的问题是——在哪里再投资他们的利润。又，记得费正清曾经说：在中国最成功的商人的标志是，他的子孙不再是商人。千年以降，景象未改。又，梅花开了。

@《祖国的陌生人》，许知远的新书，推荐一下。是他走出书斋后的一个习作，从最北的中国到最南的中国。风格让人想起奈保尔的“印度三部曲”和帕慕克的《伊斯坦布尔》。这个家伙从我认识他起就一直在焦虑。现在看来，焦虑是成长的春药。

@新的一年该怎么过呢？想起罗素的那句话：不加检点的生活，不值一过。他的意思是，每天检查自己的钱包，一边检一边点。你别笑，这是真正的良民。怕的是，有的人每天检查别人的钱包，还一边检一边点。

@年终感言：中国的三十多年改革，前十五年是在闯意识形态的“雷区”，后十五年进入了改革的

“深水区”。现在的情况，好像是到了一个“深水雷区”，连谈论风花雪月乃至给孩子起个名字，都是“危险”的。在《吴敬琏传》中，我写了这样的一个章节标题：“中国的改革会好吗？”

@因病没法去京，在家里晒了一天书，这是年终必修的功课。自三年前搬进新家，每年家里都添一个书柜。新岁将至，江南晴好，把书搬进搬出，翻来翻去，实在是开心事。不过说到书柜，还是有点吃惊——同样厂家同样款，前年买是两千七百元，现在涨到三千八百五十元，几乎比一柜子的书都要贵了！然而，据说通货膨胀还在路上。

@一九〇五年，吴樾与陈独秀预北上行刺朝臣，两人在芜湖科学图书社小楼上扭打成一团。吴问：“舍一生拼与艰难缔造，孰为易？”陈答：“自然是前者易，而后者难。”吴曰：“然则，我为易，留其难以待君。”九月二十四日，二十七岁的吴樾在北京车站炸弹袭击五大臣，被炸裂胸腹，当场身死。做吴还是陈，是当今的一个问题。

@iPad公布前，人们猜测乔布斯攻击的方向到底是哪里。一是上网本，一是阅读器。当然最可怕是两者合一，南北通吃。现在答案揭晓，似乎是前者。原因有二，一是待机时间最多十小时，二是价格很高，以五百美元为中间值。也就是说，这是“第二PC”而已。呵，人们似乎都高估了乔布斯的雄心了。亚马逊好生侥幸。

@孙中山当年闹革命，一个重要主张就是“平均地权”，实现土地国有，他说：“中国行了社会革命之后，私人永远不用纳税，但收地租一项，已成地球上最富的国。”因此，梁启超与他吵翻天。当今，土地果然国有，政府果然成“最富的国”。可是私人却纳“万税”，今后还要交物业税。今晚当梦约逸仙兄，笑而询问之。

@当今的中国，似乎人人都受伤，都被剥夺，俱自感为失败者。官员很失败，企业家很失败，文人很失败，学生很失败，工人、农民很失败，体育、娱乐明星很失败，连退休的老者都很失败。如果要写《中国社会各阶层分析》，一言以蔽之曰：这是一个充满了失败感的盛世。

@布罗代尔在《文明史纲》中说：“在中国最成功的商人的标志是，他的子孙不再是商人。”我以为，这三十年的变革大概会让这一断言作废。不过，这段时期，国内商人之沮丧、颓废和靠拢权贵，却让我的信心有点动摇。如果有商人做梦的时候不是梦见金钱，而是梦见总书记，我们就应该有新的警惕了。

@在京都看樱花，午后忽飞春雪，雪花如片，竟大过樱花，红白交错，凭空乱舞，真真好生妩媚。

@中国的理想主义者一半在媒体里了。

@发现一只蜈蚣，很自在。看了半天，不辨雌雄。

@想想十五年前的王海，那就是个寡言不畏死的愣头青。人是怎么变老的，是从朋友的皱纹里发现的。不过，挺温暖的。

@一开放就搞活，一搞活就失衡，一失衡就内乱，一内乱就闭关，一闭关就落后，一落后再开放……朝代更迭，轴心不变，循环往复，无休无止。中国人的青春生命，在这个搅拌机里碾成碎片。

@在集权体制受到挑战的时候，商人阶层往往成为最易被侵害的族群，因为人们对统治者的愤怒，将首先倾泻到那些生活在他们身边的有产者身上——在他们看来，正是这些人的富有造成了社会的不公平。而让商人感到痛苦的则是：集权体制从根本上侵害他们的利益，可当体制崩溃的时候，他们又是首当其冲的受害者。

@唐德刚像算命先生一样地认为，中国要完成现代化需两百年，从一八四〇年算起要到二〇四〇年。他已经去世了，不能当面问他理由是何。不过情况看上去好像要“不幸而言中”。那么，用霍布斯鲍姆式的历史分割，最后的这六十年，从一九七八年到二〇〇八年大概是辉煌的“短暂的三十年”，后三十年可能是艰难的“漫长的三十年”。

@给老妈打电话，拉了一通家长里短，就是说不出

"母亲节快乐"，好像当年说不出"我爱你"那样。唉。只好写在这里，可惜老太太不上微博。有跟我这样的吗？

@四十自诫：不要用力过猛，不要入戏太深，不要放纵表情，不要熬夜打麻。最难的是第四条，特别是在赢钱的时候。

@"很多人批评张五常，很多闲言碎语，我当然管不着。你也看到这个老人家在生命的最后还在孤注一掷，所以给我一点面子吧。"张爷最近接受采访时说的。此公天纵奇才，玩了一辈子，还差一点把诺贝尔经济学奖玩到手，现在七十四岁了，突然有了紧迫的感觉。他跟吴敬琏完全两种性格，却一样的让人尊敬，越老越可爱。

@在六一，突然想到的是“回到五四”。两个“五四”：在人文精神上回到一九一九年的五四运动，在宪法精神上回到一九五四年的《宪法》。后者中，人民有自由迁徙的权利，有合法罢工的权利，农民拥有土地及相关生产资料。而这些，正是今天的我们要争取的。现在的中国呀，前进不容易，回去也难……

@有记者发来采访提纲，曰，“统计显示，未来五到十年，我国有大量民营家族企业面临‘换代’，但百分之九十的家族创始人希望子女接班，百分之九十五的子女却不愿意接班”。这个数据肯定不准确，若是，中国完蛋了。

@正闲读唐诗，翻到白居易作的《盐商妇》，曰，“每年盐利入官时，少入官家多入私，官家利薄私家厚，盐铁尚书远不知”。觉得有点不开心。国营垄断造成的寻租游戏，古来如此，当今的盐铁尚书李荣融，估计还没有读到这首诗吧？

@都说权力是一种春药，此药先是让人绝对贪婪，继而让人绝对腐败，接而让人绝对无能，最后，四肢疲软，大脑休克，硬得只剩下一张嘴巴了。

@今天（二〇一〇年八月二十六日）纪念深圳三十年，它对中国改革最大的贡献是什么？我认为是当年袁庚树在蛇口工业区的那块铁皮广告牌——时间就是金钱。古往今来，这是最惊世骇俗的财富观。对这六个字的争论，催生了当代中国人的“财富自觉”，深圳的最大启蒙意义在此。那么到今天，如何进步？应当从“财富自觉”前进到“公民自觉”。

@荣誉是所有误解的总和，幸福则是所有想象的总和。前半句是里尔克说的，后半句是我加的，加在一起，或许就是一个人生了。

@明天（二〇一〇年九月十五日）是金融危机爆发两周年。怎么看呢？一九七八年中国发生粮食危机，于是土地改革，获大成功。一九八八年中国发生价格危机，于是物价改革，先失利后成功。一九九八年东亚发生金融危机，于是配套改革，获大成功。二〇〇八年全球发生金融危机，于是我们不改革，结果就是当下之景，错失时机进退皆难矣。

@中国与富士康已经构成为一对“纠结体”，中国离不开富士康——近千亿美元的制造出口能力和百万就业机会，富士康也离不开中国——到哪里寻找如此价廉物美的劳工资源？可是如果以青年工人的鲜血作为这一“纠结体”的润滑剂，却是反人类的。发展固然是硬道理，尊重人权却是天理。GDP 再大，也不能比天大。

@还得熬一个小时，谁借我一根牙签撑住眼皮？

@为什么打麻将看韩剧？很多同学问。是被一个英国哲学家伯林影响的，他学问不错，快乐幽默且长寿，人问其故，他说：工作之外，我总生活在表层。十多年前读到这句话，从此改变。

@普吉岛（泰国）上，此时风雨大作，吹乱一切，佛，不动声色。

@雪夜千卷，华时一尊。很美情境。突然想到，书者可能是缺书少酒的意思，竟是苦境。

@读书。“所有的权力都集中在一个人身上时，伟大的心智就会消失。”罗马人塔西陀在《历史》中的格言。这“一个人”，可以是一个家长，一个皇帝，一个政党，一个董事长，也可以是一个利益集团。塔西陀同学活在两千年前，那么早就明白了这个道理，而我们现在还在为此而一再启蒙。惭愧。

@三十余年间，一群草莽之人被体制抛弃，从而被逼上了发财的道路。现在轮到知识分子了，他们一一被体制抛弃，从而被逼上了自由的道路。以我的经验，其实，体制之外，海阔天空。自我放逐是活在今世的不二选择。恭喜长平兄。

封新城

封新城新浪微博

http：//t.sina.com.cn/fengxincheng

（2009年9月26日－2010年8月15日）

封新城，一九六三年生于吉林白山。一九九六年创办《新周刊》，任执行总编辑，成功开发培育了“大盘点”、“中国年度新锐榜”、“中国电视节目榜”、“城市魅力榜”、“年度语录”等传媒延伸品牌。

@蒋氏父子（蒋介石与蒋经国）的遗产是：放弃。

@江湖人称老爷子的《新周刊》社长孙冕写了一幅字：忘情于山水，怡性于江湖。我觉得不出彩儿不传神，建议改做：忘形于山水，遗精于江湖。

@黑夜给了我黑色的眼睛，我却用它翻白眼。

@人生有限公司。

@女人一生有三个角色：女孩，女人，母亲；男人一生只有两个角色：男孩，男人。这是最近我在酒桌上经常散布的论调。

@人都有恶，我在嘴上，你在心里；人都有恶，我在心里，你在手上。

@中国，是一切谜底的谜面。

@我不懂女人，可整天想女人。

@女人不需要懂世界，懂男人就够了。

@死亡是生命中最好的一个发明。

@纠结和拧巴是同义词吗？拧巴是后文革的新北京话，纠结是后小资的网络语言。

@女人从没有多要什么，女人只是放弃，比如男人，比如造人。女人不靠谱，因为男人更不靠谱；男人本不靠谱且破罐破摔，因为社会已没谱可靠了。

@什么是离婚的主要原因？结婚。

@我很委婉，是语言。我很硬，是立场。

@二十六个英文字母自即日起减为二十五个，因为从此不能有B了。

@只要天不亮，我们就能在昨天多混一会儿。

@我附议，并且作为我的提议。

@活在当代，要么一无所知，要么历经沧桑。

@想起前段时间说过的话，灵魂的事，别拿智慧来调戏。

@《新周刊》是个把“中国”挂在嘴上的杂志——中国不踢球、弱智的中国电视、感动中国、户口里的中国人、中国无隐私、中国缺什么、寻找中国刀锋、改变中国、还有多少中国味、四二一的中国、中国欲望榜、软中国、中国，我的诗歌丢了、绝版中国、中国压力报告、中国怎么想、酒桌即中国……（不完全统计哈）

@以前我说家庭是中国人的宗教，现在改了，中国人信的是春节教。就他妈一天信教。

@末日是我们不知道的日子，是我们死后的日子，是我们被清算的日子。

@请教专家：国外的国会、议会报道上过娱乐版吗？

@男人造物，女人造人；男人折腾世界，女人折腾男人。高下已分。

@中国人为什么不愿着眼未来？因为什么都不是你自己的，包括你自己。

@媒介是人的延伸。自媒体是人的新器官——看、听、说、做，等等。

@一个拒绝私有制的国家，却泛滥着最疯狂的私。

@人民的土地人民埋单，人民的房子人民住不起。

@世界本有昼夜之分，有了枪之后，只有黑夜。

@时间是真正的距离。我们一秒一秒地远离自己。

@地沟油是社会溃败证据，却生生毁了好吃的火锅。

@中国世纪，简称“中世纪”。

@我们的进步以年计，我们的堕落以秒计。

@祖国是你的情怀。我们这些失去祖国的人,愤怒,也不能掩住对你的思念。

@爱与恨是人类唯有的两把利器。一刀下去，一样深的伤口。

@是人的美丽让我认识了春天。

@传媒变，则国体变。

@微博正在成为一种生活方式——作息、信息发布与获取、观点交流、社交及营销等，已因此而生成出新的生态。微博是窗口，是媒介，是社区，是广场，是平台，是“人的延伸”的再延伸，也是未来新新人类的故乡。

@总编采访手记：王菲翻唱了一首歌，也从喧嚣中翻出了一位在大时代边上浅唱的歌手——李健。我认同姚晨的感受："没有一点浮躁，几乎不像这个时代的人。"是啊，为什么要进入同一时代呢？如果内心自有世界，每天都是自己的时代。我听到了李健，或许也读到了一点儿李健——生活如歌，李健的安静淡然，如歌。

@"韩寒能代表中国吗？"——我认为恰好不能，因为太多的中国人在他的反面。

@这个盛产奴隶的国度，人心荒芜，却麻木成林，恶之花盛开。

@以前，去天安门广场，必经长安街。现在，每台电脑和手机都直达天安门。

@最好的心情不是快乐，是踏实。

@我想发表爱，但爱是个敏感词。

@我们浅唱，让傻逼时代去狂飙吧。

@观点即新闻。

@谁，给这个社会下了同归于尽的咒？

@不唯物，不唯心，我只是深切地觉得：这个世界，我们已知的只有“未知”这两个字。我不虚无，我只是无力。

@狂飙突进的中国，他，再也回不到常识了。

@愤怒，不是一种态度，而是一种本能。

@思想再伟大，私处都是一样的。

@如果我还会难过，我知道，再难我都会为你过下去。

@轻拿轻放——可世上最重的是情感，要用多大气力才能轻拿轻放？

@男人要举重若轻，女人要避重就轻。

@恶是有传染性和凝聚力的，它们为了追求自己的目标不择手段；善良与它们正好相反，善是分散的，个体的。如果天使都像黑手党一样集合起来的话，那这个世界就有希望了。

@女人有三种选择：身体之外的选择，身体之内的选择，身心合一的选择；男人只有一种选择：多选择。

@世界杯最大的遗憾是：朝鲜没有对韩国。

@这是一个没有痛感的时代。

@《潜伏》最后一集有这样一个细节：翠平生了，她问：生了什么？答：女孩。翠平说：坏了，随爹，小眼睛。这时，画外音响起："中华……成立了。"

@"今天"，这曾是一本诗刊的名字，它说明那些人还向往明天；现在，今天只是昨天过去了的意思。

@如果现实是被挂掉的电话，未来就是没有回复的短信。就这样，真实，是每个梦境醒来的代价。

@真正的恐怖主义是：让你的思想和灵魂崩溃。即：让你的价值观溃烂。

@好吧，中国式的公有制是，谁有权谁有。

@中秋节到了，我给大家拜个年！

蒋方舟

蒋方舟新浪微博

http：//t.sina.com.cn/jfz

（2010年6月2日－2011年2月18日）

蒋方舟，一九八九年生于湖北襄樊。清华大学在读，《新周刊》主笔。七岁开始写作，九岁出版散文集《打开天窗》。现已出版作品九部。曾获人民文学奖散文奖。著有《青春前期》《邪童正史》《骑彩虹者》等。

@到最后，信仰可能只是一种能量吧，就像一节五号电池。

@看很多枯燥得泪流但是非常重要的书，介（这）才叫做挥霍青春嘛。

@收到好几个曾经不慎喜欢过我的男童鞋（同学）发来的生日祝福，买卖不成仁义在啊真是。

@累，枯竭。想到曾经读到过的比喻，说这不叫悲伤，这是提前到来的死亡，它不是吞噬和压倒你，而是乖乖地同你待在一起。它像是一条大灰狗，又瞎又聋。你睡它睡，你醒它醒，你离家，它也蹒跚地跟在后面。

@“大学生们对大学种种弊端、猥琐、丑闻了解得最多。很多教授听起来都咋舌的事情，从大学生口中讲述不过一个略带轻蔑的微笑。要存活下来，且活得好，恐怕必须把实用虚无渗入灵魂，熟练地借力体制并与之共舞，面带微笑；最大限度地从中获取自己的利益，悄不声张。”我旧文里的话，说的是什么，你懂的。

@越来越不喜欢专栏体了。那些人人都夸好，夸启智，夸深刻的也一样不喜欢了：还没来得及“深入”，就赶紧“浅出”，也不知道在急个什么劲儿。

@最近觉得每条路都是死胡同，不是没有例外，但结局不是死路的那些路，我又不愿意走……

@个人心水（广东方言，最合心意，最合眼缘，相当于喜欢）的几条：不要同反对派站在一起：你在下面，不在反面。不要同权力和君主站在一起：你在他们上面。不要把你自己选择的诅咒和阶级压迫混淆。谨防意识形态的滥调和引语。相信你用来写作的语言是最好的语言，因为你没有别的语言。相信你用来写作的语言是最糟的语言，尽管你没有别的语言。

@适用人群较大的几条：不要有使命。谨防具有使命的人。不要设想你自己是一个有用的社会成员。不要让任何人告诉你，你是一个社会寄生虫。对一切事情都具有你自己的观点。不要对任意事情都发表你的观点。千万不要忘记：一旦你达到自己的目标，你就错过了其他一切。

@我应该培养个爱好了，织毛衣，冷兵器，炒黄金什么什么的，这样我懒得思考全人类的时候，也不用总含辛茹苦地思春……

@早晨读了王佐良和梁宗岱的几篇文章，觉得可以代替刷牙了……

@“江湖是什么？江湖是人情世故，能应对就不易，更别说什么懂全了。打？那是土匪。”

@东方红，太阳升，山上跑下个麻匪姜文。

@在食堂听到一对男女对话，不知道是哪个系的，女的说物价上涨了，生活费不够了，想晚上去五道口摆摊。男的沉吟良久，轰然一叹，说：我家没关系，你被城管抓走了我也救不了你了。——恍若隔世，非常悲伤，是为记。

@以后想有一个至少能感受到通货膨胀的职业，也就不至于像现在这样宠辱不惊五谷不分。

@去年（二〇〇九年）这个时候，寄语自己要成为更好的人。结果二〇一〇年落空了。于是，所有的希望都落在二〇一一年，再不进化就来不及了啊。

@想休个长达两周的假期，学习怎么去爱人，或只想想该怎么把自己折腾滴（得）好看点。人生且长而慢，不能沿着老炮和苍孙的道路狂奔。

@我们围观着二〇一〇年，看牢了时代，紧紧地盯着巨灵庄严的塑像，我们看着它脸上的金漆剥落，我们看着它露出一面凶恶一面嬉皮的嘴脸，我们看见了却不能说，像被怔住的小和尚。

@中国自唐以来就没有狂欢的年代。快乐变成了精心安排的一年一度的事。从春晚到周星驰到冯小刚，快乐成了黑暗中集体神经质的无厘头，成了《新闻联播》里有板有式的“在这个阖家欢乐的日子里……”快乐像是每年按量集体配给一次“乐子”，从奥运会到亚运会，都是一次次集体派发的大剂量的“快乐丸”。

@励志人生：多辛苦一天，就是为了能早一天退休；多在北京煎熬一天，就是为了能早一天逃离北京；多不要脸走穴一回，就是为了有一天能够不用走穴……

@终于有了一个区别蒋方舟和方舟子的标准：那个说脏话看国产电影的是我，反之就是方舟子。

@姜文的牛逼之处，在于这片（姜文电影《让子弹飞》）毛粉见毛，美国粉见华盛顿，改良派见改良，革命派见革命，民粹们见民粹，屁民们见救世主，广电们见没有某党就没有新中国。各派都喜闻乐见，都觉得是替自己说了话~

@多年的萝莉还是熬成了祥林嫂……

@拉什迪和他前妻。拉什迪写过："凡人爱上女神，注定将遭天谴，可他无法自拔。"可他不是凡人，是撒旦……

@我宅心仁厚反应慢，你给我时间待我想个有力的反吐槽还击……

@新墨镜好看。戴了一整天写稿，都快成真瞎子了。衣锦还乡者必锦衣夜行哪！

@找到限制才找到自由（阿城语），不是摸到了G点，就找到了自由。我说的是文艺创作。

冯 唐

冯唐新浪微博

http://t.sina.com.cn/fengtang

（2010年6月2日－2011年3月27日）

冯唐，一九七一年生于北京。协和医科大学临床医学博士，美国Emory大学工商管理硕士。现居香港。已出版长篇小说《万物生长》《十八岁给我一个姑娘》《北京北京》《欢喜》等。

@基本明白了，泰山就是一个长长的楼梯，楼道里写了一些二X的微博。

@我说，办公室窗外，从北往南看跑马地，简直是风水教科书，山含水抱，含风抱气。胖子同事说，基本是乳沟、股沟。

@继续诗经。《沉香》：沉你在心底／偶尔香起你。

@北京总让我自在，窗外酒肉香响……明天前半夜还有一场最犯怵的回母校交流……最怕小同学问的问题包括：你的小说说的什么事儿啊？你和王朔王小波有什么不同啊？你认为如何才能成功呢？肚里的标准答案：我小说说的是人性。我比二王帅。我还没成功呢，离司马迁有距离，估计躲不开引刀自宫这一步骤。

@最欢喜香港的四件事儿：网络，交通，山路，蒸鱼。最厌烦香港的四件事儿：空调，淫雨，瘦身，硬币。

@曹操陵的挖掘还在报道中……曹操高陵一号墓十二日发掘，墓主身份引猜测……想起二〇〇九年，我听我老爸转述他看到的电视报道，那是我听过的最灵异的中文之一：曹操墓被发现了，墓里两个尸体，一个是曹操的，一个是曹操小时候的。

@继续做诗人。《成都文殊院》：院外／东汉砖瓦展览／女讲解员说鱼象征女阴／两端细细，泼泼地／中间饱满……院内／一群和尚开饭／一僧狂敲木鱼中段／放生池里龟头一片。

@老妈问我，为什么有些事儿她总想不开呢？比如有活儿就想干，有傻逼就忍不住骂。我说，你离佛太远，不能向死而生。老妈说，不对，都是因为祖先，祖先让我干活，让我骂傻逼。我说，你祖先活不到你现在的岁数，四十多岁就基本在酒桌上喝死，在战场上打死。你快八十，基本没有祖先的魂魄可以指导你了。

@《记得》：记得你热裤，绿的/记得你相好，红的/夏至之至，中海有杏花，北海有莲花/红的配绿的。

@老妈离开香港之后，从云南打来电话。我问，香港好吧？有钱好吧？老妈说，好个屁，海鲜吃得我痔疮犯了，多少年都没犯了！

@今早体检，见到各路人等，气色老好，不再像等待大战植物的僵尸。“因为体检，三天没大喝。如果肝还看到硬化，退休陪我妈，看谁先去。”

@《荇菜》：学生时周末，带《辞源》回家，没查／工作时酒后，带福彩回家，没擦／年轻时歪邪，带你回家，没插／向死而在，参差荇菜，太爱必呆。

@做梦背书，CAO，鸠摩罗什体，几个字总放不舒坦，难受了一晚……醒了抄三遍：应云何住，云何降伏其心……鸠摩罗什是个对汉语有贡献的人，“我心里为他击了一下掌”。

@为什么电视台不组织一下真假曹操墓电视辩论呢？请曹操他妈当嘉宾。

@我老妈问我，我书架上那几本佛经是干什么用的，没等我答，她自己猜：明白了，你对你老妈不好的时候，又不好意思直接承认，自己悔过用的。

@在我的祖国的大地上，怎么就遇不上一个不要钱的和尚呢？

@昨夜大风雨，用iPad看小说，一时心里瓦凉：纸书必死，仿佛唱片和胶卷。写作者（如果混明星和混编剧的不算）比歌者和摄影者更悲催，不能走穴，不能拍广告大片。三种出路：第一，放低姿态，纯自娱自乐，类似卡拉OK和自摸；第二，抬高姿态，只为销魂；第三，练毛笔字或者硬笔书法，写诗，抄诗，当装饰品卖。

@说了一天空话，体重长了一斤。

@语言大师在民间。二人转。女生说，信不，我一脚踹死你，就全当人工流产了。

@不想和世界谈了，我妈说得对，傻逼太多了，骂不过来，孔丘说得对，不困不启。世界如果想谈，让它找我谈吧。

@文字作为一种材质，有其他材质（声音图像等等）所不可比拟的丰富性和可变性。眼耳鼻舌身意，文字都能指向和传递。如果表达必定就是脱离真相，一说就是错，好文字有可能是最接近真相的错、最对的错……在这个意义上，文字不可替代，文字不死。

@写小说的时候接了一个电话，里面有哭泣、奸情、背叛、纠结和可能的凶杀……担心你。做不了什么。

情境分析都在邮件里了……又一次毛骨悚然地发现，老天派我来是做笔录的而已。生活远大于文字，文字拾起一粒沙子，失去整个海洋。

@问我老爸，还有什么人生未了之事。老爸说，没有。等一下，又说，解放台湾，打败美国估计是不太可能了……一代人，一代洗刷脑袋的用料，不变的是洗刷方式。

@第一，我所知的中医甚少。八年医学院只念了一个学期一门中医学，化学倒是学了七八门。第二，中医缺少现代科学的理论基础，感悟远远多于实证，远远比西医容易被坏人利用。现在坏人又特别多。小心。第三，我愿意相信，有中医大师存在，但是至今我没见过。总之，原则是，没病时候用中医，西医绝症用中医。

@终于有一天坐到办公室，耳闻摘录：“我好烦啊。”“我好想死啊。”“您说他是不是想找死？”“您说，定这个制度的人是不是屁股和脑袋比例不对？是不是毛笔蘸黄酱写的啊？”“XX的一岁孩子昨晚睡觉中猝死了，佛说，这样小孩都是天宫犯了错，到世间坐坐牢，就回去的。您说，靠谱吗？”

@一个地方好，第一要义是人少。一个人好，第一要义是想得少……天真。

@上次同事问我，他九岁女孩看什么书好。在微博上征集的回复总结如下（不含巫昂推荐的《少女之心》等捣乱帖）：郑渊洁的童话系列，包括舒克贝塔、皮皮鲁和鲁西西等／安徒生童话／少年文艺／儿童文学／小王子／窗边的小豆豆／长袜子皮皮／丁丁历险记／彼得潘／哈利·波特／机器猫／绿野仙踪／伊索寓言。

@今天酒后才知道，原来他们十年前就有过一种新饮料，豆奶类，名字叫：奶水滔天……没卖好……估计那时候，人非常纯洁，不接受低俗汉语。

@诗是邪物，越好越伤，伤人伤己。追究伤的本原，看到人类设计上的固有缺陷。

@耳闻，留记号——“他是这样一个人：遇上坏人，坏人把他害了。遇上好人，他把好人害了。”

@当我想你的时候，只是想你。单数。简单汉语。

@温饱之外，都是妄念。

@亲尝：会开到，屁股方了，肚皮圆了，脑袋肿了。

@女生容易好看的时候：抽烟、歌舞、发呆。

@耳闻——我老妈说：“我至少知道有粉往脸上擦，不往屁股上擦。”我说：“你有女生少见的方向感。”

@罗玉凤团队有潜力，某小丫，你和背后这几个写手有关系吗……引用罗玉凤团队：“我这辈子最看不起的就是学历不高，知识不多，收入不低又脸皮厚的演员、歌手一类艺人。虽然他们身后都有一群人在操纵，但我真不知道会唱歌会演戏凭什么集万千宠爱于一身，尊称‘明星’。”

@环视周围，近来流行：学佛，练字，好古，分手，移居，抑郁。

@老妈问我："如果被骂，又不适合回骂，但是实在不甘心，怎么办？"我答："你就说，'会有天使替我去爱你。'"

@耳闻：大禹读完楼市调控限购令，自言自语说，如果这些简单方法好使，我早就把黄河冻起来了，做那么多疏导工作干啥？

@好习惯之五是动笔。在现世，能想明白、写清楚的年轻人越来越少，眼高手低的年轻人越来越多。一年至少写四篇文章，每篇至少两千字。写作的过程，也是沉静、思考和凝练的过程，仿佛躲开人群，屏息敛气，抬头看到明月当头。

@继续诗经：想你，拉你看无欲涅槃的钧窑笔洗。道理在风中变成狐狸。灭度的瞬间，上下五千年，你摇下车窗，到处乱看。

@耳闻——弱者心态的三个特别：特别夸大自己的成绩，特别不包容别人的差异，特别在意别人对自己的评价。

@好习惯之十是收放。阳光之下，快跑者未必先达，力战者未必能胜。同学们啊，从学校毕业之后，不再是每件事都是一门考试，不再是每门考试你都要拿满分和拿第一。收放是一种在学校里没人教你的技巧，练习的第一步是有自信，不必事事胜人。

徐文兵

徐文兵新浪微博

http：//t.sina.com.cn/hopeinstitute

（2010年11月18日－2011年2月18日）

徐文兵，一九六六年生于山西大同，自幼随母习中医，现为厚朴中医学堂堂主，北京御源堂、平心堂中医门诊专家。受邀在北京电视台讲授健康知识，担任中国气象频道《四季养生堂》栏目长期主讲嘉宾，在中央人民广播电台主讲《重新发现中医太美之黄帝内经》。著有《字里藏医》等。

@不怕中医是伪科学，就怕科学是伪真理。

@吃什么不重要，吃饭的心情很重要。食物有没有营养不重要，有没有饥饿感很重要。饥是胃肠空了，饿是内心欲望。饥是觉，饿是感。没有感觉却大吃大喝，等于强暴自己。

@吃饱了就不饥了。吃好了就不饿了。充饥填饱解决不了饿的问题，更解不了馋，过不了瘾。鸡爪子比鸡胸脯肉贵。

@面子是别人给的，脸是自己丢的。

@拉屎不臭，吃饭不香。

@现代人需要的不多，想要的多！更高更快更强煽动起来就是高血压、高血脂、高血糖。早熟、早醒、早衰、早死。强弩之末、外强中干、强作欢颜。刚强者，死之徒。

@梁冬徐文兵对话《黄帝内经》。徐文兵：人们评论我说话慢，我说因为我姓徐。梁冬：人们说我比较 COOL，因为我姓梁（凉）。

@有心气才会爱，心气衰了就是哀，哀莫大于心死。

@这次去陕西拜谒黄帝陵，又识了两个字：祭奠。祭是用肉敬神，奠是用酒敬神。

@刚才理发的时候坐在那里想起一个词：世界。

什么是世，什么是界？回来查查，依稀明白一些。世，是时间概念，三十年为一世。界是空间地域概念。世界对应宇宙，宇是空间，宙是时间。世界作为词来用已经丧失本意了。

@他病得很重，他的情绪失控，他的想法很怪。子曰："斯人也，有斯疾！"

@借王凯、胡赳赳提问，说说知、觉、感的区别。以前有个段子其中一句是："摸着老婆的手，好像左手摸右手，一点儿感觉都没有。"知：摸的是老婆，不是小姐、情人。觉：好像左手摸右手，有触觉。感：完全没有！

@预测将来除了纯中医以外会红火的两个职业：一、给孩子取名，给大人改字的。相关也会带火公司名称、商号、商品名称、进口商品汉译等等细分行业。建议目前学中文、英文的人考虑。二、寻根问祖，替人考证传世、修订家谱，相关也会带火替人写悼词、传记、生平、墓志铭等等细分行业。请学中文、考古的人考虑。

@绿豆为什么涨价？因为王八太多！

@新松恨不高千尺，恶竹应须斩万竿！庙小神仙大，池浅王八多！刚刚显露出点复苏苗头的中医，被跟绿豆对上眼的家伙玷污了。

@关注营生，还是关注养生。一般人都是在苦心经营，一味钻营，蝇营狗苟之后，搞得伤痕累累，身心俱疲，心力交瘁，病入膏肓的时候才想起养生。营养不如养营！

@到北京二十六年了，今晚第一次喝豆汁。酸中带苦，不但不反感，反而像遇故交旧友。估计我会迷上它。

@刚从终南山下来，想到一个问题：中国有研究哲学的专家吗？怎么满眼都是研究哲学家的专家。

@普遍认为一个人有良心是对别人好，其实自己才是“有良心”的真正受益者。

@有良心的生理标志是：心肠是热的，心肠是软的。心理标志是恬愉、自得，外在表现是与人为善，但绝不舍臂饲虎。

@建立在彼此尊重和信任的基础上的良好的医患关

系能最大程度地发挥患者自愈功能和医生治病救人的热忱与潜力。

@翻番不是基数的平方，而是基数乘以二的N次方，是我把翻番理解错了，道歉！谢谢指教我的人。

@今天入伏，外部湿热，体内寒湿，忌吃生冷，多用姜、芥末、紫苏暖胃。

@好茶能让水变甜！

@某些淳朴是没来得及变坏，或者是没条件变坏。——九寨沟归来感悟。

@在装逼假唱的时代，难得听到这么真的歌声，真才有意思——我在听李健歌唱。缠绵抒情的时候有些像谭咏麟，刚硬转折的时候一如刘文正。不过李健自己作词谱曲做的唱的都是自己。

@几乎所有的电视台都在放谍战片，今天国美的大片第一集刚刚落幕，以前胜之不武，小人得志还有舆论谴责，现在反倒是成功典范了。疑惑满心，人人自危，焉能不病！

@说实话，喝了这么多年酒，从来没觉得酒好喝。今天朋友送来小半桶自酿的米酒（醪糟汁），我喝了一碗又一碗。敢情古人说的琼浆玉液就是这个啊！因为还在发酵，凉飕飕地冒气，胜似香槟。想起了梁山好汉、蒙汗药，想起了《黄帝内经》的告诫，不要以酒为浆。

@今晚参加了梁起彰（字敦敏）的周岁晚宴，据孩子他爹梁冬说，在白天的抓周仪式上，小梁绕过众多物件，直接翻开《黄帝内经》用笔涂抹！中医后继有人了！

@网游勾魂，微博落魄。两眼迷茫，神不守舍。

@减肥的问题其实是心理问题，自我厌恶感不除，减肥不止。

@刚刚明白真实含义，GDP是刮地皮。

@冬至了，触底反弹了。外面更冷，肚子更热。可以吃冰棍，冰激凌，雪糕，冻柿子，冻梨。虚弱的人吃滋补膏吧。阴极生阳，混沌初开，今儿吃馄饨。

@与其过洋人的节，不如睡自己的觉！我的新年还早，腊月还没开始呢！最搞笑是东洋人，阴历阳历不分，今晚就让老虎交班给兔子，够浑的！

@昨晚和今早读完了胡赳赳的新书《北京的腔调》，时有会心一笑，有些话得反复琢磨一下才会意。认得赳赳很久，今天才识得，通神近道。他和冯唐都是学医的，巫医不分啊。

@谢谢各位博友帮助，我不明白的是，按照佛历推算佛祖是在五月月圆日，夜睹明星成道，腊八的月亮不是这样啊！

@怀念北京的干燥，虽然很冷。江南的潮，海南的湿，屋里比屋外阴，被褥都能攥出水。和衣而卧都能浸透骨髓，我都想站桩过一晚。

@让一部分人先贵起来！原创啊！我的新春寄语，献给大家！

@自拟春联：精神内守霍去病，正气存心辛弃疾。

@阴历的新年应该在子时降临，春晚却在十二点敲钟。大年夜本无月亮，春晚却在唱《难忘今宵》。流行的是伪传统、伪文化，比没文化还可怕。

@感觉浴室卫生间的浴霸是邪热。难怪有人冬天会中暑。

@北京卫视的环球春晚不错，整了一帮老外来演出过年。估计以后能请到更好的演员。立意和平台都好。

@无觉比无知更可怕。禽兽不如啊。

@二鬼子比鬼子更坏。汉奸比二鬼子还坏。

@伪中医比假中医更害人。

邹静之

邹静之新浪微博

http://t.sina.com.cn/zoujingzhi

（2010年9月4日－2011年3月28日）

邹静之，诗人，剧作家，被称为“中国第一编剧”。现出版有诗集、散文集、小说集等十余种，戏剧作品有《夜宴》《铁齿铜牙纪晓岚》等。随笔集《九栋》广受好评。

@我有微博了，这是一个新鲜的表达方式。昨天，我，老车，小林，浩峰，劲翔等说到了“江畔何人初见月，江月何年初照人”，这是两句有“光年”感的诗，辽阔到世界上没有人的时候了。怎么写出来的？“啊，江边上，是谁最先看到了月亮，那月亮又在哪一年照到了人的身上？”这样的提问不是想象力能达到的。

@听张大夫跟我说，他楼下的小学，教师节前，有一个班的老师，对小同学说，没有给老师送礼的站起来。有一些同学站了起来，有一个同学说，老师，我爸说入学就交了好几万的赞助费了，那钱比他们送的礼多多了。

@我的另一个做大夫的朋友跟我说，我们现在是把病人当成商品来看的，我们希望患有绝症的病人来，绝症病人是优良商品，他们既安全，又有效益，因为治不好是必然的，而多花钱也是必然的。我以为，一个社会最不该市场化的地方就是学校和医院，它必须是公益性的。

@说真话的环境后，你得到的一点短暂的利益，一定比失去的乐趣多得多。

@打方舟子的肖某抓住了，他竟有那样显赫的履历。原来说求学是为求道、授业解惑。这会儿一些人求学只为求术，求术不求道的结局就是这个时代会出现大批的术士。没有道统领的术，最终会成为骗术，不用举例，哪一行都有这样的人：养生，房产，艺术文艺鉴赏等等，听这些人说话最终的感受是“慷慨激昂说假话”。

@前些年就不会过节了，不知道该做什么才与这些日子相配。每天该干什么干什么吧，会觉有点亏。什么也不干会觉得无聊……在七天中写个整的东西是个好办法，就像刚结婚时，没有厨房，把朋友都叫家来，盖了三天，一个厨房出现了，成就。这人不会生活，把所有的节日都当劳动节过了。

@英雄末路，其实还是英雄，美人迟暮，那就不是美人了。我倒认为美人末路、英雄迟暮更有戏剧性，写个这样的故事会有意思。好像有个外国的戏这么写过吧！不知道，瞎想的。人在很多时候不是听思想的，是听身体的话，年轻时的飞扬总不能老飞下去。七十岁还能喝大酒、泡小妞那是福分。

@昨天在电视上看到了民工旭日阳刚组合唱的《春天里》，今天又看了筷子兄弟的《老男孩》，深深折服。我对我子侄辈的人说过这个时代不给青年人机会，尤其是男青年。但这两个组合让我看到了揭竿而起般的反抗，充满了真情和力量。啊！民间文艺底层的男青年揭竿而起了！让显赫的人物望风而逃吧……包括……

@即使在家里，你也不能优雅地活着，这些都是粗俗文化的来源。

@《赵氏孤儿》曾有一个戏名叫《八义图》——为了一个孤儿相继丧了八条命；《拯救大兵瑞恩》可以叫“七义图”——为了一个士兵七个人死了。如果用普通的价值观来称，一定认为不值，但就是这种不值甚至不理解才体现出了价值观。

@铁生走了。我在没开始写作的时候，最喜欢的作品是《我遥远的清平湾》。铁生与我有限地吃过几次饭，但从来没有坐下来深聊过，我觉得读他的作品是最好的交往。我们不能算是朋友，但他的离开使我觉得这个世界不再完整。

@北京今天有点冷，想起在北大荒时最冷有零下四十度，还得去河套拉沙子，两个人装一卡车，一装一身汗，然后坐在车外边，飞快地从热到冻彻骨髓。那日子现在想想不知是怎么过来的，棉大衣加棉袄，一吹就透，像张纸。人啊什么样的日子都能过。日子过了不能想，一想就觉是假的，是梦，是不可能。

@老公，这词是从南边叫过来的，女生叫自己的丈夫。北京早年管太监叫老公，或公公。社会文明了，文明的一种表现是尊重妇女（听老婆话）。现在男人在家的地位与原来的大老爷们比下降了不少。在这儿我得说明，这儿我没有任何要为男人争地位的意思。这挺好。但我内心总有个纠结，这种现象的产生，是不是与叫老公有关？

@我今天头痒去蒸桑拿，搓澡时服务员问我有没有VIP卡，我问那是什么东西，他说就是贵宾卡。我说搓个澡也分贵宾贱宾，不和谐，不符合核心价值观。我说办VIP的都是什么人，他说老板。我问VIP怎么解释，他说，维就是维持的维，挨就是挨打的挨，屁就是拍马屁的屁。他大概说出了老板的现状。搓吧。

@看到电视上养生的节目，想起文革风行的打鸡血。我曾经看过那样的场景——成人人手抱着一只公鸡，在保健室排着队，现场抽公鸡的血现场往自己血管里打。打过后的效果是，人变得很兴奋，脾气也变得有点像公鸡。我的心里总会出现那样的场面——整栋楼黎明的阳台上，打过鸡血的成年人，在此起彼伏地打鸣。

@王国维“入乎其内，故有生气。出乎其外，故有高致。”这真难做，前两句就现在作品来说已有难度，但要出乎其外，且有高致就难了，难在自己，能力算一点，还有就是有无此心，心无旁骛……

@春天的鲜花开满我伤痛的祖国。

@如果《活着》和《山楂树之恋》在一个晚上连着给你演，那将是一个行为艺术对时间的诠释。消灭一个城市靠建设，消灭一种记忆靠纯情。

@一个农民用旧水管、条纹布、摩托发动机，造了一架飞机在天上飞。又一个农民又造了一架，也在天上飞。他们干着在外人看来是毫无意义的事情，一年、两年、十年地这么干着。最后幸福无比地飞上天了。妈的，幸福与意义有什么关系？

@没有一个时代是摆好了书桌，然后把门窗都关好了，说兄弟你写吧，怎么着都成，没有，也等不来。有的是写本身，不写什么也没有。什么情况下都得写。都说不迷不成家——迷是境界，王世襄著《明式家具珍赏》和《明式家具研究》是迷的结果。其由心而爱，由爱而迷，由迷而疑，由疑而追本逐源，成就两部开山之作。

@艺术心得交流不是那么容易的。我说的不是那种聊闲篇式的，是要共同经事的那种。总有不愉快产生。经了点事后想明白了，第一，别有说服别人的梦想；第二，绝不被人说服。所有的东西你没悟到那儿怎么说是没有用的。前两年我看王蘧常的字没有感觉，现在看觉高古，非常的好。心得是体悟出来的，没有体悟说什么没用。

@北大荒的顾大牙，他媳妇是从山东来东北投奔亲戚的，大雪天问路，他说他知道，带着人家大姑娘往小八队的大雪原上走，走了一半就把人家办了。就这样两人成了亲。这是冰冷的雪地上,火热的事情。

@三八这个词，在抗战时指的是一种枪，三八大盖儿，很勇猛，应该与妇女节没关系。女人的优势是温柔。让我们向温柔投降吧，缴枪不杀。

@我没法吃昨天的饭，我也没法吃明天的饭，我现在只能吃今天的饭。如果你说，我提前把明天的饭吃了，其实你吃的还是今天的饭。这东西太牛逼了。

@一个美女从十字路口过，车都停下了，她比春天更像春天。

姚　晨

姚晨新浪微博

http：//t.sina.com.cn/yaochen

（2009 年 9 月 1 日－2011 年 2 月 18 日）

姚晨，一九七九年生，籍贯福建。二〇〇五年以情景喜剧《武林外传》中女侠“郭芙蓉”一角为观众熟知。主演有《潜伏》《非诚勿扰 2》等影视作品。二〇〇九年九月开通微博，凭借其风趣幽默的内容、率真坦诚的个性和极强的亲和力，迅速成为新浪微博粉丝最多的用户。

@大姚童鞋（同学谐音），这个世界已经够多烦恼，您就别再添堵抱怨了。不如多写些开心事，把快乐和大家分享，一定要做个乐观积极向上的好童鞋噢！握手！

@估计微博火了以后，医院会新添几种病：一、拇指抽搐症；二、眼球外突症；三、孤僻症。

@演了一场重场戏，很多人觉得应该笑着演，方案很诱人。我仔细考虑了一下拒绝了，因为我体会不到为啥要笑，就算笑了也是皮笑肉不笑，到时候在大银幕上一放，假得无处遁形。最后这场戏演得一般，但至少我是真诚的。

@朋友发信息来说：你真是个幸运儿，在建国六十周年的这一年里拍了《潜伏》。的确，这是一部对我来说具有纪念意义的好戏。向那些默默为祖国抛头颅洒热血的无名英雄们致敬！

@匆匆走进小区院门，远远就望见家里的灯亮着，老凌的身影在里面晃来晃去，放慢了脚步，站在楼下仰头望了一会儿，希望这一副画面永远地保存在我的脑海中。

@忘了在哪本书上看到的一句话，具体记不清了，大意是，这个世界的美与丑，取决于你看世界的角度，角度不同，呈现在你面前的世界也是不同的。

@拍一场戏，我给自己组织了一个行动，啃黄瓜。没想到这场戏镜头太多，演了N多遍，黄瓜吃了六七根，小娟关心我，给我一直喝热水，我很困惑，问她吃冰黄瓜再喝热水会不会跑肚？她斩钉截铁地回答不可能！其结果是，我已经跑了三回厕所了……

@不知道从什么时候起，所有的剧组都像商量好了一样，动不动就让女演员早上五点半起来化妆。唉！

@回忆起十年前第一次进剧组，嘴特甜，见谁我都喊老师。现如今，在组里谁都喊我“姚老师”。虽然知道这是一种尊称，但还是有点郁闷，唉，老了……姚老师，要老死。

@拍车戏，上了车，发现是导演开车，有点不放心，问他的驾龄，答十四年，靠谱。半小时后，走错了五个路口，闯了三个红灯，逆行两次，最后彻底迷失在建国门外大街上。实在忍不住，又问，导演，您确定驾龄十四年吗？答，的确是十四年，八年在法国，对北京路况不熟……我倒。

@一个骇人听闻的传说，不知真假——我们平时用的一次性筷子又有新用途了！就是把筷子用药水彻底泡松软，做成即食笋，反正都是竹子类的。这个……也可以有吗？我的胃突然有点疼。

@睡车觉三件宝：弟弟送的音乐播放器，小影迷送的卡通眼罩，小艾同志送的加菲靠垫，都是一片情意片情意片情意……

@今儿快变成霹雳贝贝了，到处放静电，甭管谁碰我，都被电个半死。关键是，俺自个儿也难受啊！最后只好警告所有人，此处漏电，请勿靠近！结果一开拍，还是把朱雨辰童鞋电得外焦里嫩，此后的时间里，他一直小心翼翼与我保持一定距离，态度上也客气了许多……嘿嘿。

@晚餐聊天的时候，导演说，以后人类进化了，很可能会没有性别之分了。我听了以后很纠结……思考良久，认真地问，那人类没性别了，我还能和我老公生活在一起吗？众人纷纷嗤笑鄙视……切！他们纯属赤果果（赤裸裸）的嫉妒。

@刚转发俞老师的博，想起好友财神跟我说过类似的话：这世上没有怀才不遇的人，只要你真有才，早晚都会被发掘出来。但到死都觉得自己是怀才不遇的人，不是庸才，就是性格有问题。

@孙悟空发福后，可以用十万八千个跟头翻一公里。

@脑子不好使的超强段子：我的手机丢了，我翻箱倒柜，找遍了房间的各个角落，依然一无所获，最后筋疲力尽地倒在床上，掏出手机给朋友挨个儿发信息：我手机丢了。

@《潜伏》里有句经典台词：信任，是一种滑稽的好感。我个人认为，信任更像是赌博，十赌九输。

@在（北京）世贸天阶拍戏，一位灰常可耐（非常可爱）的小女生跑来找我签名，有点鸡动（激动）：姚晨姐姐，我很喜欢看《潜伏》！我会继续关注你的，那你“小心点”啊！我……一滴冷汗滑落。

@爱情暴力小说——题目：《别每天纠缠着我要我负责任把孩子生下来然后结婚让你变成你老妈那

样的女人》；正文："啪。"

@坐在旋转木马上拍戏，第一圈，哇！好浪漫，好童话啊……第二圈，风大，有点冷……第三圈，是谁发明了这么无聊的游戏啊……第四圈，头晕，想吐……第五圈，停，放我下去……第六圈，哪位好心人能放我下去，呜……第N圈，奶奶的，等我下去了，把你们都灭了……

@朋友说，老姚你玩围脖（微博）没多大出息。我想了想，从小我妈就评价我：老爱丢东西，长大肯定没出息！那看来围脖很适合我。

@外婆很节约，每回跟她通电话都蛮好玩：外婆，我给你买了一双皮鞋……外婆（江西口音）：不要噢，不要噢，买什么了？我：外婆，你想吃啥我给你寄过去……外婆：不要噢，不要噢，寄什么了？我：外婆，你最近腿好点没？外婆：不要噢，不要噢，不吃火腿……

@许多的采访，总爱让我谈成名前辛酸艰难的经历，每次都得绞尽脑汁地回忆，最后抱歉地告知：这个，真没有……的确没有，所有过往经历在我眼里都是暖色调的，它们让我的人生变得有趣而丰富。所以，亲爱的，下回，咱们换个问题啊。：）

@为爱失去平衡，本来就是平衡生活的一部分——电影《Eat Pray Love》。

@没人性的九〇后——弟亘亘威胁我："赶紧对我好点，否则就把你拍得最丑的照片换成我的微博头像！"现在带他出门吃香喝辣去了……

@强烈建议：以后请客吃饭必须收缴所有人的手机，好容易聚一块儿，全都低头发微博，以我为首，太不像话！

@对于爱的治疗办法唯有加倍去爱。

@对艺术家和匠人，我个人的理解是：哪怕他只是路边的修鞋匠，却能将一双鞋修得完好如初，并享乐其中，这样的人虽被称为匠人，实为天生的艺术家。而有的人，虽从事艺术行当，无情怀，无创造力，这样的人，即便日后被冠以艺术家头衔，骨子里也还是个匠气十足的匠人。

@二十年后，微博还会存在吗？

@富裕就是快乐和自由。愿我早日成为首富。 :)

@弟十八岁，要去当兵了，两年不能回家。之前我觉得挺好，男孩就该去锻炼，等弟打来电话告别，我想到两年都将见不到这个家人，一下子哭得泣不成声。这才感受到，当年我十四岁离家来京上学，父母该是何等的不舍和难过。从昨晚到现在，深陷在自责与歉疚中。

@你自以为了解一个人，当一切出乎意料时，才明白原来那个人是你幻想出来的。

@一口气接受了五个采访，感慨问话也是一门技术活儿，同样的事情换个问法，给自己和被采者都留下余地，就不至于造成尴尬的局面。

@去年（二〇〇九年）参加《新周刊》新锐榜，在楼上接一电话，无端被人扣了屎盆子，号啕大哭一场。下楼后，喜获两项大奖，并结识了几位气场相投的朋友，又变得满心喜悦。在那里经历了大悲大喜，从此与《新周刊》结下不解之缘。

@这个世界，时常浪漫美好得让人以为是在梦境，时常又残酷冰冷得让人怀疑是在做梦。反正，活着就像做梦。鬼知道，哪天能醒？

@《写给自己的信》亲爱的自己：从现在起，好好爱自己。有一万个理由要对别人好，没有一个理由要求别人对你好。亲爱的自己，这世上只有回不去的没有过不去的。开朗、豁达、厚道都做到，就会幸福。圣诞到了，会接到不少祝福，关键要让自己快乐。要多笑，露出的牙齿上就会有阳光。：）

@起风了，好大风，愿风吹散黑暗，带走罪恶。

@告某些假正义之士：演员是我的职业，公民是我的身份，同时我还是个大活人，活着就会对任何事情有反应、有立场，这叫活着，你懂吗？你会吗？！

@到银行办事，规规矩矩取号排队，莫名被一白胖男子冤枉我插队，还企图煽动他人与我敌对，在大厅里叫嚷：明星怎么了？明星就可以插队？！工作人员赶紧从我手里拿了号，向那男子证明我没插队。窝一肚子火出了门，想想：唉，算了，是个人这辈子就会受冤枉气。明星怎么了？明星算个屁！明星更受气。

@一姐们最近老拍夜戏，冻得死去活来，昨儿见面，几次摸她的手，都冰凉。想想这个寒冬我没接戏是对的，钱啥时候都能赚，小命只有一条。送个小偏方给最近拍戏的同行们：买个塑料桶，打桶热水泡脚，水漫至小腿，放几片生姜，醋一勺。绝对杀菌又活血，也能睡个踏实觉鸟。愿各位照顾好自己，身体倍儿棒。：）

@《新民周刊》上的“贩奴真相”，令人毛骨悚然。当街乱抓智障人士和流浪汉，在酷刑下强迫他们从事惊人体力劳动，与猪狗同食，命运通常是打死、饿死、冻死。其实细想，这一切不足为奇。文明社会又怎样？文明只是一张皮。从古至今，我们在对待同类时都是最残忍的，我们心底的“恶”也从未改变。

@同样的新闻，大部分的记者朋友写出来就是件正常事，就有那个别人愣能给你编成件恶心事儿。

说到底还是为了点击率，为了钱。坦白说，我理解，但实在无法认同。也不用来劝说我：演员都会被这样写，你得适应这种新闻“潜规则”。真不好意思，爱潜你潜吧，咱们真不是一类人。

@爸妈现在比往年睡觉的频率高了很多，尤其在坐车的时候，他俩总是前后脚开始打盹。听人说，人老了，就会像婴儿一样，爱睡觉。只是我不明白，记忆中的他们一直很年轻，是从何时起，他俩变老的呢？

@老爸讨厌飞机，即便它确实更省时。他总不厌其烦地劝说我：火车安全，火车有风景，火车大提速，到家只要十几个小时。我无奈：坐飞机到咱家只要两个小时。老爸叹口气，眼里有光暗下去。老火车司机老姚至今无法接受他女儿长大后，乘飞机多于乘火车这个现实。

@亲爱的爸爸妈妈，如果有来生，我愿做你们的父母，给你们最无私的爱，为你们操一辈子的心。爱你们，永远。

@这世间有太多不可思议的人和事，看了那个孙子打爷爷的视频，突然想起一位朋友曾说：亲人之间的仇恨才是最深的恨。当时不明白，现在多少能有所体味。说句不该说的话，非常希望那两个儿子儿媳妇，到老的时候也会被自己的孩子如此对待，或许只有到那时，他们才能真正地忏悔吧！

@人这辈子，不知要碰到多少混账事儿。不单单是外人，最亲的家人和最近的朋友都会给你找事儿。呵呵，咱唯一能做的，就是接着！接住了！接好喽！还是那句老话：生活给咱啥，咱就TNND接着吧……

@时尚界真是怪啊真是怪，冬季推春季的衣服，夏季推秋季的衣服。可怜我们要臭美，只能在寒冬穿丝质短裙美丽冻人，在炎夏穿高领毛衣热死个球。红毯上，还要坚持笑靥如花，强忍寒风中的浑身哆嗦，或是悄悄擦去背上奔腾的汗水……

@你跟，或者不跟我，我就在车里，不躲不藏。你拍，或者不拍我，人就在那里，不惊不慌。你写，或者不写我，我就那德性，不变不改。别跟得太近，追尾你得交罚金。何必，纠结，无奈，认命。昨夜，西安大雪。晨起，一片白茫茫，午后，太阳照常升起，暖化了积雪，所有的一切又还原了本来的模样。

@爸妈来机场接我，一路上车里只放一首歌，我唱的《温暖》。老妈听着听着呼呼睡去，到目的地后才醒，一睁眼就夸我：我女儿的歌唱得真好听。

@相由心生，相随心转。芸芸众生心，必生无量相。几日内，百感交集，感谢所有不相识，却带给我温暖的朋友，愿我们都能幸福地活着。

@一个女人可以有经历但不可有沧桑。

@朋友发来短信：我们生命中出现的所有课题，都是为了唤醒，而不是惩罚。

@以前有人告诉我，寄居蟹也叫招朝蟹。无论背负的那个壳有多沉，都会在清晨冲着地平线那边升起的太阳，热情地用一只钳子打招呼：早上好啊！我亲爱的朋友。：)

dolce 小裁缝

dolce 小裁缝新浪微博

http://t.sina.com.cn/dolcemay

(2010 年 2 月 14 日 - 2011 年 3 月 25 日)

dolce 小裁缝，本名徐戈，湖北省十大杰出青年岗位能手，武汉音乐学院长笛副教授。二〇〇〇年获北京第二届全国长笛比赛青年组优秀演奏奖。二〇〇一年编写《优美长笛演奏指南》。

@毛尖说台湾有个女作家迷阿城，听到阿城的名字，马上得扶墙。这种病况最近在俺身上发作成升级版。咋滴了？归根结底，是读毛选走火入魔给害滴。人无癖不可与交以其无深情也；人无疵不可与交以其无真气也。文如其女这样的毛尖让人怜爱。

@各有各的音。各有各的知音。甲与乙斗，丙支持甲，丁支持乙。后来甲乙议和，第一条款：诛丙、丁。木心《素履之往》里的句子，指导意义非凡。老同学L两口子闹离婚，中午电话打来半个多小时，俺接听得耳朵都烫了，就不发表意见。不想找死。

@一九二四年《语丝》年末刊，徐和周大爷之间，为音乐神秘性，文人对啐。志摩狂：庄周说的天籁地籁人籁全是的。你TMD听不着就该怨你自己的耳轮太笨或是皮粗，别怨我！ 鲁爷爷贫：《“音乐”?》，自怨自艾哦，想将这位先生“送进疯人院”去，我可要拚命反对，尽力呼冤的。还不如惦记明天的一盘辣子鸡。

@朱天文朱天心这俩宝岛薇若妮卡双生花，还要不要别人家的姑娘活了？毛尖说，在她们面前，感觉俺们自己像男滴。

@生命的剧痛不是被毁灭，而是来不及告别。如果在坍塌前还有一秒，爱人啊希望你是我记忆里最后的画面。不恐惧离开，而是此去的路太远。能忍受孤单，天堂里上帝也是一个人。我只担心自己，怕在那里太久会记不清你的容颜。如果可以用这一生再去换那一瞬，亲爱的，让我全力记住你的脸，在天崩地裂之前。

@涉及爱情的十个单行：一、说纯洁不是说素未曾爱而是说已懂了爱。二、无限是还不知其限的意思没有别的意思。三、誓言是那种懒洋洋侧身接过来的小礼物。四、现代人是睒睒眼睑就算一首十四行诗了。五、何必艳羡唇边之吻几缕不肯绕梁的余韵。

@涉及爱情的十个单行（续）：六、情场上到处可见侥幸者鞋子穿在袜子里。七、别人的滂沱快乐滴在我肩上是不快乐的。八、到头来彼此负心又濒死难忘的褴褛神话。九、没有你时感到寂寞有了你代你感到寂寞。十、清晓疯人院里修剪得整整齐齐的冬青树。

@一九七五年，阎连科在新乡水泥厂料石山上放罐车，看见天空有硕大气球向山里飘去。阎的第一个反应就是台湾特务的反动工具。于是他追了三十分钟，终于在石缝里找着一张彩色背景是台北大街的明信片。画面上一美丽少妇，左右手各牵两女两男，书包玩具，幸福微笑。卡片的背面，有一行蓝字：台湾不计划生育。

@【如果爱】试用血酬定律分析爱情：一、女人和男人都是资源，血酬的爱情就是以生命为代价从事暴力掠夺的收益。二、当血酬爱情发生，男女必权衡成本和收益（血汗身财，双方心智和物资的消耗，感情对抗的弊端）。三、爱同样属于暴力掠夺者之间的竞争，面临一定的风险。四、爱情属于暴力掠夺，爱情不创造财富。

@【文之悦】永远不要自我辩白，永远不要自我解释。我将转移我的目光，今后，这将是我唯一的拒绝方式。

@【陌生人的仁慈】二战期间，田纳西·威廉姆斯在米高梅制片部的时候，住圣塔蒙妮卡断崖公园附近。灿黄夏天傍晚，他骑车于灯火管制防日军空袭的加州海岸寻索男同，看中的停下佯看海景，擦火柴相互点烟，借火苗审定情侣。好的，相偕去他断崖公寓，夜夜不休。威廉姆斯日记里说，和一个海军陆战队员曾一夜七次。

@【笛心似缱】长音练习，单调枯燥。渐进音阶八度换转。演奏者气息和力度，保持着如一的充沛和延长。高低音认真打磨再仔细听辨，力求逐个善待，但怎么可能？就像生命里横亘的每个劫数，抑或被辜负的爱情，尽管尽了全力，然百密终有一疏。后悔自己当时没多加把力么？好在时间善后，还有下一次练习。

@布罗茨基一九八七年接受诺贝尔文学奖时哭：

在俄国，文学和音乐的民族文明已经结束，悲剧的结束，是依据艺术家牺牲的数量。已降临的社会和历史转变将他们掠夺而去，真正的悲剧中——死去的不是主角，死去的是合唱队。

@【记得裁缝年纪小】三年级，最不理解的就是数学老师批评我：dolce同学上课又在讲话，浪费了大家的时间。鲁迅先生说过，浪费别人的时间，无异于谋财害命。全班有五十四名同学，每个同学的一分钟，就等于被浪费了五十四分钟。有这么算的吗？每当此刻我就纳闷，觉得这个数学老师的数学和语文一点都不好。

@太具备感情的人是容易自伤和伤人的。人的灵性，其实就是动物的本能；往往直觉和感觉好的人，就其自身动物性的敏感和锐利程度更甚。太有灵性抑或感觉太多的人，活着，不见得比迟钝点的人幸福；神的孩子，要早些被神收走，尘世太寂寞荒芜，神不忍心让他们再继续受苦。

@再说一遍，女人要学会克服爱情。如此，善莫大焉。每天晚祷第一件事，问自己："今儿克服了么？""嗯，克服了。"好哇，睡觉！

@一位夫人打电话给作曲家，说当他们乐团排练时，她睡的床就会震动。这简直是无稽之谈，作曲家说，我来看看。作曲家到达后，夫人建议他躺在床上，体会一下乐团排练时的感觉。作曲家刚上床躺下，夫人丈夫就回来了。见此情形，厉声喝问：你躺在我妻子床上干什么？作曲家战战兢兢地回答：我们在听音乐。

@英雄气长，儿女情短。或者，英雄情短，儿女气长。

同样的两个宵夜，放在面前，手机说，打呀。我说，打给哪一个呢？

@你的疼痛的深切，我当然不能理解。为什么我们离得远了，其实一直近在眼前。是啊，我就是我，不能变成你。就算你在那儿独自苦斗，我也只能默默注视。我俩都经受着考验，我究竟是你的谁？如果世界将从此崩溃，而你又曾是我的谁？

@惊风飘白日，光景西驰流。白天看中一款美版iPhone4，犹豫买不买。女友说，冲动是魔鬼。刚才夜里自己还在想明天去不去取货。困惑的倒不是价格，而是保留的那些短信息。一条条翻看，曾几何时收到的那些句子和感触，当时的场景和气味竟能扑面而来。舍不得的是这些真挚片段，某年某月某一天。眼睛红了。

@鲁迅说：农村拉纤挑水磨豆腐的人最苦，累而收入低。有天挑水人做了个梦，梦到当皇上权力无限，挑水可用金扁担啦！卡夫卡说：一长期被主人欺的驴子，梦想当主人翻身。终于抢过了皮鞭，朝自己的屁股猛抽。文革时农民批判江青，愤愤说：那婆娘天天早上吃油条，床头红白糖罐各一个，想吃啥口味就蘸着嚼。

@发改委音乐频道问答：如果房价真能大跌，让工薪阶层能够买得起房子，您会点哪首歌？一、张震岳《放屁》；二、梁咏琪《未来的未来》；三、林俊杰《一千年以后》；四、周华健《别傻了》；五、韩红《美丽神话》；六、郭采洁《狠狠哭》；七、张学友《我等到花儿都谢了》；八、陈小春《算你狠》……

@小时候学校花园里有种酸浆草可以吃，凤仙花用来染指甲，榆树的钱果可以放在油饼里。记得放学后俺的嘴唇总是绿色的。校门口有卖蚕的小贩，他骗俺要给白胖胖的蚕宝宝一个家。第二天同桌男孩的爸爸告诉老师，dolce把他儿子的铅笔盒抢去装桑叶喂蚕了。

@任何一场现场音乐会，都会有错音。如果演奏者的状态始终激情饱满，音乐细腻温暖，以情动人，那么听众会对其所有错音忽略不计。这和唱片不同，不能修正的现场，音乐的态度，就是我们对感情的态度。舞台方丈地，一转万重山；流年不复返，人生须尽欢。

@我们生命中有些情感，每当回想起来，可能觉得莽撞，甚至不堪。但也许就像音乐的过渡句，某个主题必须要经过这些变化音的衔接才能抵达。而谁又知道我们在音乐的高潮前所付出的代价？

@【新感言】一、你问我有没宗教信仰，我说：自恋算不算？二、难过了，就蹲下来，抱抱自己。三、我是个哑巴，平时说话都是伪装的。四、你有权保持不沉默，但我很快会让你沉默的。五、现在你骂我，是因为你还不了解我，以后你了解了我，你一定会动手打我的。六、我已经计划好五百万该怎么花，可居然没中奖。

@风雪相和今大寒，遥问谁谁寄冬安。拥炉闲坐开酒缸，暗香启念岁月阑。

@钱穆九岁随父去镇烟馆，一客忽要钱背《三国演义》，钱穆表演大人称奇。翌日，依然随父烟馆议事。路过一小桥，父问：认得桥字吗？钱点头：认得。又问：桥字是什么旁？答：木字旁。再问：木字旁换马字旁何字？再答：骄字。又问：骄何意知否？钱穆答：知。父紧逼：你昨晚行为有这个骄字吗？钱穆俯首不语。

@改广告：购全球通，赠避雷针，动感地带，引领雷人生活。

@米兰·昆德拉：任何男人都有两部色情传记，一般都只说到第一部——是一系列性爱和短暂恋情。其实最有趣的是另一部，就是他们想要占有却没得手的女人，这是部痛心疾首充满未竟之可能历史。而第三部，涉及一类神秘令人不安的女人，他和她彼此都非常喜欢，但同时明白不能相互占有，因为各处在边界的另一边。

@记者采访一分管经济工作的领导：社会上传言您不太识数，对此有什么看法？领导不屑一顾，伸出三个手指：我送他们五个字——一派胡言！

@妹妹经常偷哥哥扑满里的硬币，哥哥终于忍无可忍。一天哥哥将扑满放入冰箱，严肃地对妹妹说：我正式宣布我的资金已被冻结。

@哀而不怨是一种美德。民族如此，上善若水；女人如此，气定神闲。

叶　三

叶三新浪微博

http://t.sina.com.cn/yesan

(2009年8月28日－2011年3月27日)

叶三，一九七八年生人，旅居海外多年，念京城热闹，归。爱文艺，喜昏睡。著有《九万字》。

@没有你便没有光，我是盲人，摸索度日。

@一八八六年美国芝加哥近二十二万工人为争取八小时工作日大罢工，最后被警方镇压。整个过程死亡群众四人，警察一人。此为五一劳动节的由来。

@每日一抒：我愿所有的夜晚沉着稳重，我注视着每一分每一秒如注视着整个时代缓缓航过。每一个夜晚都属于你。所有的夜晚都属于你。

@我发现，欠稿的时候，只要编辑敢在MSN上不搭理我，我就会哆哆嗦嗦，特别不安。只有被催的时候才理直气壮——这算不算神鬼怕恶人？

@不相信老年人的爱情。辛格《邻居》之所以打动我，不在爱情，而在孤独。“一片，一片，一片，雪看着自己落下”。

@“在清晨我爱你，我们的吻又深又暖，枕上你的头发像困倦的金色暴雨。是的，很多人以前爱过，我知道我们不是第一。在城市和森林，他们微笑着，就像我和你。但是让我们不去谈爱和锁链，和那些事情，我们解不开的。你的眼睛因忧伤而柔软，嘿，我们不说再见。”

@浅酒人前共，软玉灯边拥。回眸入抱总合情，痛痛痛。轻把郎推。渐闻声颤，微惊红涌。试与更翻纵，全没些儿缝，这回风味成癫狂，动动动，臂儿相兜，唇儿相凑，舌儿相弄。

@满街女子，穿衣多不过脑——有Don't着装，有

Do me着装，Do着装奇少。妈的，被瑞丽毁掉的街景。

@问世间情为何物？心中事，眼中泪，意中人。

@案上书，非庄即老。饭岛爱，官人我要。

@为谁风露立中宵？同是天涯沦落人。不如怜取眼前人，卧看牛郎织女星。

@来个不清丽的：挎A货手袋，装B罩杯，从CD酒吧，到E世界，遍寻F4，宽慰G点。

@晨访林兆华，老头进来一屁股坐下：赶紧问，星期一事儿多。我点烟，丫按住：别，抽我的，中南海。我说您那是点五，太淡。丫惊讶，太淡！你想抽大麻不成？我觉得我必须服。

@我发现我累的时候就比较不贱，原来挤兑人是很耗真气值的呀。

@自注一枚：虎兔恋爱＝糊涂恋爱。通假。

@《阿凡达》意识之落后，足以与国产片媲美。私以为不能归入科幻片，可算玩具片。

@好想知道地铁禁报令的初衷，想了好久，各种角度，各种体位，左中右设身处地，还是想不出，太迷惘了，呃。

@偶系撑杆僵尸（僵僵在撑杆跳）！撑杆僵尸总是能够独辟蹊径，在别人狠狠啃坚果墙的时候他能够飞跃而过。你和撑杆僵尸相似的地方在于你们有着更为高瞻远瞩的眼光，你能够看到别人所看不到的点子，然后用你的创新精神去尝试。这种精神将会带你更多的成功。

@赵欣瑜这女人太活色生香。一招墨攻章子怡尽显东北女子本色，再披挂名牌也是吃烙饼卷大葱长大的，关键时刻兜头兜脑现出来的全是匪气，赵奶奶好剽悍。我若是红色权贵我也养这样的女人，好生热闹，浑身都是人生本质。

@研究章子怡赵欣瑜八卦到此时。心得：女人就得为难女人。章子怡、赵欣瑜，乃至于苏芒，其实都差不多，眼界智商之低与野心之匪夷所思的大，恰成反比。然而正是因为世界有了她们，才热火朝天，才充满了肉香奶色。支持奶奶们打下去。

@最新腰封创意：村上春树手难释卷，纳博科夫借了不还。可有偿转让，有意者给朕留言。

@一个二十三岁的天平女写道：“找一个不安分的老公，需要勇气。很明显，要么出奇制胜，封妻荫子；要么一事无成，连累妻儿。”看完了不起的狐狸爸爸能写出这样傻逼话的傻逼，怎不令人见猎心喜？

@本届金球奖比去年还俗气熏天。哦，考虑通胀指数，可能不相上下吧？！

@《阿凡达》里我最喜欢懒羊羊。

@一九九〇年，在被窝里听《红蜻蜓》，把被子掖得严严实实，怕被父母看见单放机上的小红灯听到电池没电，旋律变调，仍舍不得睡，把电池掏出来用手焐热，指望还能多听一首。这是我个人的前青春期。那时候，一切尚在天边，慢慢逼近。

@鲁迅在情人节：我家有两朵花。一朵是菊花，另一朵还是菊花。

@采访后感：聊得最入港的，全是没法写的。

@时光荏苒，周润发的尿性凸显。惜哉小马哥。

@二〇一一年我有两个愿望，一、当一次球童，牵着杰拉德的手入场；二、当一次床头柜，看Cohen

入睡。

@崔健摇滚交响演唱会，艾迪瘦了。二〇一〇年的最后一分钟，在空腹看美剧中度过。还是一样的满室亲人，无可安睡，无可对话。我的新年愿望是："早死早托生，辈辈活年轻"。

@我不同意立法取缔儿童乞讨，理由有二：一、必须警惕政府权力扩大；二、这么干会饿死人。至于打拐，目前网友采取的方法是否可行，是否有效，我还没想明白。表完态了，道德家们滚蛋吧。

@对你的野心就是对世界的野心：梦中猛虎，轻嗅蔷薇。

@汪峰说，我要飞得更高。左小祖咒回答，我不能悲伤地坐在你身旁。张楚评论，孤独的人是可耻的。张佺表示眼望着北方。新裤子说，和你在一起。张玮玮总结：两只山羊。

@那么多酒鬼，哪个是古龙转世的啊？